増補
改訂
版

「日本語能力試験」対策

日本語総まとめ
NIHONGO SO-MATOME

N1

佐々木仁子　松本紀子

読解
どっかい

|読解|Reading Comprehension|閲読理解|독해|

ask

はじめに

この本は
- ▶ 「日本語能力試験」N1 合格を目指す人
- ▶ 中級が終わって上級レベルの勉強を始めた人
- ▶ 論説文が読みこなせるようになりたい人

のための学習書です。

◆この本の特長◆

・1～2行の短い文章から始めて、少しずつ長い文章が読みこなせるよう工夫してあります。

・情報検索や内容理解のための読解スキルはもちろん、文章理解の基礎となる文章の文法（接続表現・指示語・機能語など）のポイントも解説。基礎固めをしながら学習できます。

・1週間に1回分テストがついているので、理解の確認ができます。

・難しいところには英語・中国語・韓国語の訳がついていますから、一人でも勉強できます。

・模擬試験があるので、より実際のテストに近い形で確認ができます。

では、楽しく勉強していきましょう！

2023年12月

佐々木仁子・松本紀子

This study book is for:
- those who are seriously studying for the JLPT Level N1,
- those who have finished the intermediate level study and are studying at the advanced level,
- those who wish to be able to read editorials

The special features of this book
- You start with short passages of one or two lines, and will gradually be able to read longer passages,
- You will learn skills for searching for information and understanding main ideas, as well as key grammar (i.e., conjunctive expressions, demonstratives, functional words, etc.), which will be useful for understanding the passages you read,
- The inclusion of a weekly test will enable you to regularly check your learning,
- The English, Chinese, and Korean translations are included for difficult sentences and words, which will enable you to study alone.

Let's enjoy learning!

本书是针对以下各位朋友而专门编写的学习辅导书。
· 决心考取"日语能力考试"N1（1级）资格的朋友；
· 已学完中级内容，并开始迈入高级阶段的朋友；
· 想要看懂议论文。

◆本书的特色◆
· 从1～2行的简短文章开始，为帮助读者能逐渐看懂较长的文章而下了些功夫。
· 不仅提高检索信息或理解内容的读解能力，还针对作为理解文章的基础语法要点（连接词、指示代词、功能词等）加以解说，可以边巩固基础边深入学习。
· 通过每周1次的小测验，可以确认自己的理解程度。
· 对较难的句子附有英语、汉语、韩语的译文，可以用于自学。
· 由于有模拟考试，可以以更接近实际考试的形式测试水平。
现在让我们来快乐地学习吧!

이 책은
· "일본어 능력 시험" N1 의 합격을 목표로 공부하고 있는 사람
· 중급을 마치고 상급 레벨의 공부를 시작한 사람
· 논설문을 읽고 완전히 이해할 수 있게 되고 싶은 사람을
위한 학습서입니다.

◆이 책의 특징◆
· 한 줄, 혹은 두 줄의 짧은 문장부터 시작해서, 점차 긴 문장을 읽을 수 있도록 짜여 있습니다.
· 정보 검색이나 내용 이해를 위한 독해의 기술은 물론, 문장을 이해하는 데 기초가 되는 문장의 문법（접속 표현·지시어·기능어 등）의 요점도 해설되어 있습니다. 기초를 다지면서 학습을 할 수 있습니다.
· 일주일마다 일 회분의 테스트 가 있어, 내용을 이해했는지 확인을 할 수 있습니다.
· 어려운 곳에는 영어·중국어·한국어의 번역이 있기 때문에, 혼자서도 공부할 수 있습니다.
· 모의 테스트가 있으므로, 보다 실제 테스트에 가까운 형식으로 실력을 확인할 수 있습니다.
그럼, 이제 시작해 봅시다!

目　次

「日本語能力試験」 N１について

➡️ **試験日**

年２回（７月と１２月の初旬の日曜日）

※海外では、試験が年１回の都市があります。

➡️ **レベルと認定の目安**

レベルは５段階（N１〜N５）です。

N１の認定の目安は、「幅広い場面で使われる日本語を理解することができる」です。

➡️ **試験科目と試験時間**

N1	言語知識（文字・語彙・文法）・読解	聴解
	（110分）	（55分）

➡️ **合否の判定**

「得点区分別得点」と、それらを合計した「総合得点」の二つで合否判定を行います。
得点区分ごとに基準点が設けられており、一つでも基準点に達していない場合は、総合得点が高くても不合格になります。

得点区分

N1	言語知識（文字・語彙・文法）	読解	聴解
0〜180点	0〜60点	0〜60点	0〜60点

総合得点　　　　　　　　　　　　　　　　　　得点の範囲

大問 （だいもん）	小問数 （しょうもんすう）	ねらい
内容理解 （ないようりかい） （短文） （たんぶん）	4	生活・仕事などいろいろな話題も含め、説明文や指示文など200字程度のテキストを読んで、内容が理解できるかを問う。
内容理解 （ないようりかい） （中文） （ちゅうぶん）	9	評論、解説、エッセイなど500字程度のテキストを読んで、因果関係や理由などが理解できるかを問う。
内容理解 （ないようりかい） （長文） （ちょうぶん）	4	評論、解説、エッセイなど1000字程度のテキストを読んで、概要や筆者の考えなどが理解できるかを問う。
統合理解 （とうごうりかい）	3	複数のテキスト（合計600字程度）を読み比べて比較・統合しながら理解できるかを問う。
主張理解 （しゅちょうりかい） （長文） （ちょうぶん）	4	社説、評論など抽象性・論理性のある1000字程度のテキストを読んで、全体として伝えようとしている主張や意見がつかめるかを問う。
情報検索 （じょうほうけんさく）	2	広告、パンフレット、情報誌、ビジネス文書などの情報素材（700字程度）の中から必要な情報を探し出すことができるかを問う。

試験日、実施地、出願の手続きのしかたなど、「日本語能力試験」の詳しい情報は、
日本語能力試験のホームページ https://www.jlpt.jp をご参照ください。

この本の使い方

How to use this book　本书的使用方法　이 책의 사용법

◆ 本書は、第１週〜第６週までの６週間で勉強します。読解の基本になる「文章の文法」の学習から始めて、短い文章の読解練習から情報検索・長文読解へと徐々にレベルアップしていきます。

This book is designed as a 6-week course. You will start with "Text Grammar" which provides the basics for reading comprehension, and will study reading comprehension of short passages, and will gradually move on to information retrieval and reading comprehension of long passages.

本书从第１周到第６周总共分６周进行学习。从读解的基本"文章语法"开始学习，到短文的读解练习、信息查询、较长文章的读解，帮助大家渐渐提高阅读能力。

본 책은, 제１주부터 제６주까지 ６주간 공부합니다. 독해의 기본인「문장 문법」의 학습부터 시작해서, 짧은 문장의 독해 연습, 정보 검색・장문 독해로 점점 레벨이 올라갑니다.

◇ まず、ここに書いてあることをよく読みましょう。文章を理解するためのポイントが書いてあります。

Please read carefully what is written here. It contains keys to understand sentences.

首先请仔细读这些例句和解说。这些内容都是有助于理解文章的语法要点。

우선, 이곳에 쓰여 있는 것을 잘 읽어 봅시다. 문장을 이해할 수 있게 요점이 쓰여 있습니다.

◇ 文章はだんだん長くなります。順番にやっていきましょう。答えは次のページの右下にあります。

Passages will get longer. Study them in order.

The answers are at the bottom right of the next page.

文章越来越长。请按顺序进行。答案在下一页的右下角。

문장은 점점 긴 문장이 제시됩니다. 순서대로 풀어 봅시다. 해답은 다음 페이지의 오른쪽 하단에 있습니다.

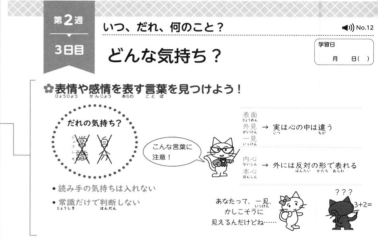

第２週　３日目　いつ、だれ、何のこと？　どんな気持ち？　No.12

学習日　月　日（　）

✿ 表情や感情を表す言葉を見つけよう！

だれの気持ち？

こんな言葉に注意！

表面・外見・一見 → 実は心の中は違う

内心・本心 → 外には反対の形で表れる

・読み手の気持ちは入れない
・常識だけで判断しない

あなたって、一見かしこそうに見えるんだけどね……　３＋２＝　？？？

▶答えは p.37、解説は別冊 p.3

Ⅰ　彼は、娘が留学をあきらめずにいることを知って、ため息をついた。

問い　彼の気持ちは次のどちらに近いか。

1　うれしい
2　うれしくない

Ⅱ　彼女は、上司にどんなに大変な仕事を指示されようとも、嫌な顔一つせず従った。かも表面的には楽しそうに仕事していたので、同僚の絵里子を除いてだれも、彼女の本心はわからなかった。

問い　彼女の本心とは、ここではどのようなことか。

1　仕事を嫌だと思っている。
2　仕事を楽しいと思っている。

Ⅱ　1行目　彼女は、上司にどんなに大変な仕事を指示されようとも、嫌な顔一つせず従った。
She faithfully followed her boss' orders, no matter what they were.
不论上司发出什么命令，她都毫无怨言地服从。그녀는, 상사에게 어떠한 명령을 받더라도, 싫은 얼굴 하나 하지 않고 수행했다.

34

◆ 各週の1日目から6日目まではポイント別の読解練習です。7日目は日本語能力試験に近
い形式の「まとめの問題」で、その週に勉強したことを確認します。

Every week from Day 1 to Day 6, you will practice reading various sentence structures, and on Day 7, you will review what you have learned in the practice exercise which follows the JLPT format.

每周从第1天到第6天，针对不同的要点进行读解练习。第7天利用与日语能力考试相似的问题，确认该周的学习成果。

각 주의 첫날부터 6 일째까지는 요점별 독해 연습입니다. 7 일째는 일본어 능력 시험에 가까운 형식의 문제로 그 주에 공부한 내용을 확인합니다.

◆ 第6週が終わった後は、「模擬試験」で日本語能力試験と同じ形式の問題を解いてみましょう。

After you finished the 6th week, please try to answer the questions in practice test which questions are designed in the same format as JLPT exam.

第6周结束以后，请尝试解答和日语能力考试一样出题形式的"模拟考试"吧！

6 주 차가 끝난 후에는 "모의고사" 에서 일본어능력시험과 같은 형식의 문제를 풀어봅시다.

1日目～6日目 短い文章→長い文章 の読解練習	→	7日目 実戦問題で 力がついたか確認	→次の週へ………→	模擬試験

◇ 文章には音声がついています。復習や音読用にぜひご活用ください。

There are audios of the texts. You may use it for revision or shadowing.

文章附有音频。可以作为复习和跟读。

문장 에는 음성이 있습니다. 복습이나 음독용에 활용해 주세요.

III あるボランティアの人の話では、最初は涙を流して感謝されたことであっても、時間がたつにつれ、ボランティアを受ける側にとってそうされることが当たり前となり、最後には手伝っている側がむっとするようなことがよくあるそうだ。そのような経験がボランティアの長続きを妨げているのだという。

第1週
第2週
第3週
第4週
第5週
第6週

問い　この場合のボランティアをする人たちの気持ちは次のどれに近いか。

1　嫌なこともあるが、ボランティアをすることは自分にとって大切だ。
2　ボランティアといっても、相手に嫌がられることが多く、悲しい。
3　結局嫌な気持ちにさせられることが多く、ボランティアをやめたくなる。
4　自分にはボランティアの仕事は向いていないと思う。

IV 人間には、わからないことや知らないことがあって当然である。ただ私のわからないことや知らないことは、世間では常識的なことが多いように思う。だから、それがみんなが知っていることだということがわかると、つい、わかったふりをしてしまう。どうして「わからない」「知らない」と言えないのか。自尊心(※1)が強いからというより、物事に対してあまりにも鈍感(※2)である自分をさらけ出したくないのである。素直になりたいものである。

(※1) 自尊心：self-respect　自尊心　자존감　　　(※2) 鈍感：insensitive　迟钝　둔감

問い　筆者がいちばん言いたい気持ちは次のどれか。

1　常識的なことは知っておきたい。
2　他人に自分がわからないということを知られたくない。
3　わからないことは「わからない」と言いたい。
4　物事に対して敏感でありたい。

◇ 上の文章の部分翻訳です。

These are the partial translations of the above texts.

这是上文章的部分翻译。

위의 문장의 부분 번역이 있습니다.

III 2～3行目　最後には手伝っている側がむっとするようなことがよくあるそうだ
in time, there are cases when volunteers become annoyed
最后侧是出现不少热心帮化的人却满腹怨气的情况　结果侧是被人道谢过 还会 闷不乐 气 的事也自觉有时
IV 2～3行目　それがみんなが知っていることだということがわかると、つい、わかったふりをしてしまう
when it seems that everyone else knows about something, I often pretend that I know it as well
一旦知道是大家都懂的事情时，便装作自己也懂了　그것을 모두가 알고 있는 것이라는 사실을 알았을 때, 무심코 아는 체를 해 버린다
IV 5行目　物事に対してあまりにも鈍感である自分をさらけ出したくない
I hesitate to openly show that I am so indifferent to things around me
是因为不想暴露出自己对于事物过于迟钝　어떤 사실에 대해서 너무나 둔감한 자신을 드러내고 싶지 않은 것이다

p.32～p.33 の答え：I. 2　　II. 2　　III. 3　　IV. 1

◇ 前の日の「問い」の答えです。

These are the answers to the previous day's "問い".

前一天的"问い"答案。

전날의 "問い" 의 답입니다.

35

9

◆ １日目～６日目まではＮ３以上の漢字の下にルビがついています。ルビを隠しながら読むと漢字を読む練習になるでしょう。

　　７日目の「まとめの問題」と「模擬試験」は、日本語能力試験に合わせて、Ｎ１レベルより難しい漢字の上にルビをつけてあります。

The kana reading in Day 1 to Day 6 lessons is found underneath the kanjis which are at the N3 level or above. It will be good practice for reading if you cover the kana as you study.
The summary questions and practice test on Day 7 are tailored to the JLPT, with kana characters printed alongside kanji that are more difficult than the N1 level.
第１天到第６天部分，N3 水平以上的汉字下方均标注假名。遮盖标注的假名来阅读，就能练习提高汉字读音能力。
第７天的"综合问题"和"模拟考试"会根据日语能力考试，在难于 N1 级别的汉字上标注注音假名。
첫날부터 6 일째까지는 , N3 레벨 이상의 한자의 아래에 한자 음 (루비) 이 쓰여 있습니다 . 그 한자 음을 가리면서 읽으면 한자 읽기 연습이 될 것입니다 .
7 일째의 '정리 문제' 와 '모의고사' 의 경우 , 일본어능력시험을 기준으로 N1 수준보다 어려운 한자에는 후리가나가 달려있습니다 .

◆ 問題を解いたら、必ず答え合わせをしましょう。問題の部分翻訳や解説は別冊に書いてあります。巻末についていますので、取り外して使ってください。

After you answer the questions, check to see if your answers are correct. Translations of excerpted sentence and explanations can be found in the removable booklet attached at the back of this book.
答题后，一定要对答案。问题的读解文的一部分翻译・解说在附册在本书的最后，请裁剪下来使用。
문제를 풀면 반드시 답을 맞춰 봅시다 . 발췌 문장의 번역 · 해설은 별책에 쓰여 있습니다 . 책 끝에 붙어 있으니 따로 떼어서 사용해 주세요 .

◆「まとめの問題」と「模擬試験」は、時間を計って、テストのつもりで解きましょう。制限時間内に終わらない場合も最後まで続けましょう。

The summary questions and practice test are timed, and you should try to solve them as if they were real tests. However, answer all the questions even if you are unable to finish within the time limit.
做 "综合问题" 和 "模拟考试" 时，请计算时间，当作真正的考试来解答。即使没能在规定的时间内完成，也坚持到最后吧。
'정리 문제' 와 ' 모의고사' 는 시간을 재면서 실제 시험처럼 풀어보세요 . 제한시간 내에 끝내지 못하더라도 끝까지 풀어봅시다 .

◆ 文章の音声は以下からダウンロードできます。

You can download audio of the texts from the link below.
文章的语音可以从以下链接下载。
문장의 음성은 아래에서 다운로드 가능합니다 .

・アスク出版のホームページ：https://www.ask-books.com/jp/so-matome-dl/
ASK Publishing website　ASK 出版的主页　ASK 출판 홈페이지

・Apple Podcast・Spotify に対応しています。

Compatible with Apple Podcast and Spotify.　也可以在 Apple Podcast 和 Spotify 中收听。
Apple Podcast, Spotify 에서도 이용 가능합니다 .

◆ 答え・解説または訳の場所は下の表の通りです。

The location of the answer, commentary, or translation is as shown in the table below.
解答，解说或者翻译的位置，如下表所示。　정답 및 해설 또는 번역이 기재된 곳은 아래 표와 같습니다 .

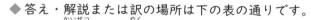

	答え Answer 解答　정답	解説または訳 Commentary or translation 解说或者翻译　해설 또는 번역
１～６日目　文章	２ページ先	ページの下部
７日目「まとめの問題」	次の週の１日目の右ページ下 （第６週のみ問題２の下）	別冊
模擬試験	別冊	

注意する言葉はどれ？
ことば

注意する言葉はどれ？

（　　）の中に入るのは？

✿（　　　）の位置によって考え方を変えよう！

……… （　　　） ……… 。

★前後の関係を、よく比較して考える。

……………… （　　　　）。

★主語を探す。そして、その主語について書いてある文を探す。
たいてい同じ内容のことが書かれている。

……(　　　) ……(　　　)
……… (　　　) ……… 。

★これらの （　　　） の前に、必ず、同じ内容について書いてある文がある。対比になっている言葉を選ぶ。
主語の部分に （　　　） がある場合も、前の文で同じように使われている言葉を選ぶ。

ボクの
場合は…

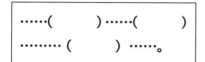

ダメ！
自分の考えや感情を
入れてはいけないよ！

▶ 答えは p.15、解説は別冊 p.2

I

抗生物質(※)の開発によって、人類は伝染病を(　　　　　　)かのような錯覚を起こしている。

（※）抗生物質：antibiotics　抗生物质　항생 물질

問い　（　　　）の中に入る適当な言葉はどちらか。

1　克服した　　　　　　　　　　　　2　広めた

II

　（前略）かつて私たちの国では、花の美しさというように、抽象観念によって美しいものをとらえようとする言い方も乏しく、したがってそのような考え方もほとんどなかった。（　　　　　）、というようなことばや考え方を私たちに教えてくれたのは、やはり西欧舶来(※)のことばであり、その翻訳語だったのである。

（柳父章『翻訳語成立事情』岩波書店）

（※）西欧舶来：Western imported　西欧舶来　서구에서 들여오다

問い　この文章の（　　　）の部分には、どんな内容の表現を入れることができるか。

1　花の美しさ　　　　　　　　　　　2　抽象観念

I　1行目　〜かのような錯覚を起こしている
have an illusion that the problem has been 〜　产生了似乎已经〜的错觉　〜것 같은 착각을 일으키고 있다
II　1〜2行目　抽象観念によって美しいものをとらえようとする言い方も乏しく
there were very few expressions for describing beautiful things in the abstract
缺乏用抽象观念描写美丽事物的表达方式　추상적인 관념으로 아름다운 것을 포착하려는 표현도 부족하고

Ⅲ

　昔は、子どもは親を尊敬し、親は子どもに命令し、子どもが命令されて動くことは当然の日常であった。（　　　　）、現在は対等な立場で親子関係が築かれる世の中となった。そして、それがあるべき愛の形であると理解している者が大半であるが、好ましくない状態であると嘆く（※）者も多くいるのである。

（※）嘆く：lament　哀叹　한탄하다

問い　（　　）の中に入る適当な言葉はどれか。

1　このような上下関係は変わりようはないが

2　このような上下関係がいつのまにか変化し

3　このような親子関係が目覚ましい進歩を遂げ

4　このような親子関係の認識が逆転し

Ⅳ

　人の脳は大きく、論理や言語を処理する左脳と、情緒（※1）的な感情を処理する右脳に分けられる。したがって音楽家や画家などは右脳が、学者や作家などは左脳が発達していると考えられる。一般的に、人は毎日の生活では言葉を話したり仕事を論理的に処理したりすることが多いため、（　A　）をよく使うが、そんなときは音楽を聴いたりして（　B　）を使うようにすると、脳の血液循環（※2）がよくなり、同時に（　C　）は休息ができるのである。

（※1）情緒：emotion　情感　정서　　　　（※2）血液循環：blood circulation　血液循环　혈액 순환

問い　（A）～（C）には、「右脳」か「左脳」が入る。その組み合わせとして最も適当なものはどれか。

1　A 左脳　　　B 右脳　　　C 左脳

2　A 右脳　　　B 左脳　　　C 右脳

3　A 左脳　　　B 左脳　　　C 右脳

4　A 右脳　　　B 右脳　　　C 左脳

Ⅲ　2行目　現在は対等な立場で親子関係が築かれる世の中となった
nowadays parents and children have more equal relationships
现在的社会潮流已经变成在平等的立场上建立父母与子女的关系　　現在は 대등한 입장에서 부모와 자식의 관계가 이루어지는 세상이 되었다

Ⅳ　3～4行目　一般的に、人は毎日の生活では言葉を話したり仕事を論理的に処理したりすることが多い
generally, people tend to talk and work rationally
一般来说，人们在每天的生活中说话或逻辑性地处理工作的情况较多
일반적으로，사람은 매일의 생활 속에서 말을 하거나 일을 논리적으로 처리하는 것이 대부분이다

注意する言葉はどれ？

意見を言いたいときの疑問文
ぎ もん

学習日

　　月　　日（　）

🌸意見を強調するための質問の形に注意！
きょうちょう　　　　　　　　　　　　　かたち

文章のスタイル ぶんしょう		本当に言いたいこと ほんとう
○○だろうか？	＝	○○ではない！
だれが△△するだろう？	＝	だれも△△しない！
なんのために××するのだろう？	＝	××する理由は何もない！ り ゆう

ぼくの意見を
聞いているの？

違います！
ちが

『とんでもない！
そんなはずはない！ そうではない！』
と言いたいんです。
つまり強い否定です！
ひてい

▶答えは p.17、解説は別冊 p.2
かいせつ　べっさつ

Ⅰ

正直者がバカをみる。こんなことが、あってよいのだろうか。
しょうじきもの

問い　筆者の言いたいことはどちらか。
ひっしゃ

1　正直な人が損をするようなことは、よくあることだ。
しょうじき　　そん

2　正直な人が損をするようなことは、あってはいけない。

Ⅱ

自分は長年ハンドルを握って(※)きて慣れているし、無事故無違反でやってきたのだ
ながねん　　　　にぎ　　　　　な　　　　　　　　むじこむいはん

から、これからも事故など起こすわけがないと、だれが言い切れるだろうか。

（※）ハンドルを握る：drive　驾驶　운전하다
にぎ

問い　この文の内容と合うのはどちらか。
ないよう

1　絶対に事故を起こさないという保証はだれにもない。
ぜったい　じこ　　　　　　　　ほしょう

2　長年安全運転でやってきた人は、事故を起こす可能性が低い。
ながねん　　　　　　　　　　　　　　　　　か のうせい

3　事故を起こしたことのない人が運転に慣れているとはいえない。
な

・・・

Ⅰ　1行目　正直者がバカをみる。
　　Honesty doesn't pay.　老实人会吃亏。　정직한 사람이 어처구니 없는 꼴을 당한다.

第1週

第2週

第3週

第4週

第5週

第6週

Ⅲ 　英語がうまくなりたい日本人のいかに多いことか。それは新聞や雑誌で英語学習に関する広告を毎日のように見かけることでもわかる。「これさえ覚えれば英語の達人(※1)になれる」「毎日、たった15分聞くだけで話せるようになる」など、いとも(※2)たやすく英語をものにできる気にさせるような宣伝文句が並んでいる。はたして語学の上達に近道はあるのだろうか。私は、それはかけた時間に比例すると思っている。

（※1）達人：master　高手　달인　　　　　　（※2）いとも：very　非常　아주

問い　　筆者が言いたいことは何か。

　　1　短い時間で語学がうまくなることはない。

　　2　新聞や雑誌の広告に語学の上達の近道が書いてある。

　　3　語学の学習に時間をかけるのはよい方法とは言えない。

　　4　簡単に語学が上達する方法があるかどうかはわからない。

Ⅳ 　「タバコの吸い殻を捨てるな」と書いてある線路のそばは吸い殻だらけで、「ゴミは各自で持ち帰りましょう」という立て札の周りにはゴミが山積みになっており、「駐車禁止」の標識のあたりに違法駐車の車の止まっていないことはなく、「写真撮影禁止」の美術館でのシャッターの音やフラッシュは珍しいことではない。「するな」ということは「しないと損だ」とか「自分だけならしてもいい」という意味なのだろうか。それなら、外国人に日本語を教える際には、そういう意味があると注釈をつけなければいけない。あるいは「人がするから、自分もする」という言い訳をする人たちは、人が死ぬと言えば自分も死ぬのだろうか。

問い　　筆者が言いたいことは何か。

　　1　日本人にとって公共の場所は人のことを気にせず自由に何をしてもいい場所である。

　　2　「するな」という日本語は「自分以外の人はしてはいけない」という意味である。

　　3　禁止されていることを、人がするから自分もという言い訳は通らない。

　　4　日本語には文字どおりの意味のほかに別の意味もあり、外国人に誤解される。

Ⅲ　3～4行目　いともたやすく英語をものにできる気にさせるような宣伝文句が並んでいる
there are many ads which make you think it is easy to master English　写满了令人觉得轻而易举地就能掌握英语的宣传词句
아주 쉽게 영어를 자기 것으로 만들 수 있을 것 같은 기분을 들게 하는 선전 문구가 주욱 쓰여 있다

Ⅳ　4～5行目　「するな」ということは「しないと損だ」とか「自分だけならしてもいい」という意味なのだろうか。
Does "suruna" (not to do something) mean to them that they can be selfish, or it won't matter if one person does it?
"严禁" 难道就是 "不做会吃亏" 或 "只有我一个人做也没关系" 的意思吗?
「하지마」라고 하는 것은 「하지 않으면 손해다」 혹은 「나 하나쯤이면 해도 괜찮다」라는 의미일까?

p.12～p.13の答え：Ⅰ.1　　Ⅱ.1　　Ⅲ.2　　Ⅳ.1

否定「ない」に注意！

✿「ない」を含んだ色々な表現を覚えよう！

- ◆「ない」＋「ない」　　＊肯定の意味になる。

- ◆「〜ではないか。」　　＝私は〜だと思う。

- ◆「ない」の決まり文句

  　〜ほど…ものはない、　〜ないではいられない、
  　〜わけにはいかない、　〜かねない、　〜ないことはない、
  　〜までもない、　〜くてたまらない、　〜てはおけない、
  　〜でならない、　〜ほかない、　〜ないかなあ　　など

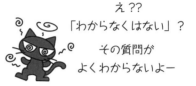

わからなくは
ないでしょ？

え??
「わからなくはない」？
その質問が
よくわからないよー

▶答えは p.19、解説は別冊 p.2

I

　その仕事ほどおもしろくない仕事はないのではないかと、私は思った。

問い　筆者はその仕事をどう思ったか。

　1　おもしろいと思った。

　2　つまらないと思った。

II

　「まあ、ひどい。だれがこんなことを……。」ポチ（※1）は墨で眼鏡をかかれたひょうきんな（※2）顔でしっぽを振っていた。「叔父さんに決まってるじゃない。」僕は笑った。母の弟はいたずら好きだ。あの人ならやりかねない。「まったく、子どもじゃあるまいし……。」母も笑っていた。

（※1）ポチ：dog's name　狗的名字　개의 이름　　　　（※2）ひょうきんな：jocular　诙谐的　익살스러운

問い　この文章の内容と合うのはどれか。

　1　その子どもがまた今度いたずらをやったら許さない、と母は言った。

　2　今回のいたずらは、叔父さんがやったのではない、と僕は思った。

　3　叔父はよくいたずらをするので、今回も叔父がやったと僕は思った。

II　1〜2行目　ポチは墨で眼鏡をかかれたひょうきんな顔でしっぽを振っていた。
Pochi was wagging his tail and looked funny because of the black circles that had been drawn around his eyes.
波奇脸上被人用墨汁画成眼镜，一脸滑稽地摇着尾巴。
포치（ポチ）는 먹으로 안경이 그려진 채 우스꽝스러운 얼굴로 꼬리를 흔들고 있었다.

Ⅲ　こうした授業状況のなかでは、教師はつねに「ダメ教師」というラベルをはられることに戦々恐々^(※1)とならざるをえない。親たちからも、同僚からも、さらには子どもたちからも「ダメ教師」というラベルをはられたときには、授業が崩壊する^(※2)どころか、辞職という事態に追いこまれるほかないというのが今日の現実であるといっても過言ではない。

　　　　　　　　　（竹内常一『日本の学校のゆくえ「偏差値教育はどうなるか」』太郎次郎社による）

（※1）戦々恐々：filled with trepidation　战战兢兢　전전긍긍　　　　（※2）崩壊する：collapse　崩潰　붕괴한다

　問い　この文章の内容と合わないものはどれか。

　　1　現状況では教師が「ダメ教師」のラベルをはられることを恐れるのも仕方がない。

　　2　「ダメ教師」のラベルをはられたからといって授業が崩壊するようなことはない。

　　3　「ダメ教師」のラベルをはられて辞職に追い込まれることもある。

Ⅳ　新しいことをやるには勇気がいることは言うまでもないが、手をつける前から、自分なんかにできるわけがないとあきらめる態度ほどじれったいものはない。やってみなければ何も始まらない。特に最近の若い人は教育制度の影響か、早くからもう自分の将来はこのくらいのものだと見切りをつけて、それ以上は望まないというような考えの人が少なからずいるのは残念でならない。

　　それに比べ、苦労もいとわず^(※1)、体力や記憶力の衰えと闘っても何かやってみたくてしかたないというシルバー世代^(※2)の元気なこと！

（※1）苦労もいとわず：without minding the trouble　不讨厌辛苦　고생도 싫어하지 않고
（※2）シルバー世代：elderly　老年人　노인 세대

　問い　この文章の内容と合うものはどれか。

　　1　自分の将来に大きな希望を持つ若い人が少ないのが残念だ。

　　2　新しいことをする場合に勇気がなければ手をつけないほうがいい。

　　3　年寄りはいくら元気だと頑張っても体力の衰えには勝てない。

　　4　無理して頑張る年寄りを若い人が悪く言うのはしかたがない。

・・

Ⅲ　1〜2行目　教師はつねに「ダメ教師」というラベルをはられることに戦々恐々とならざるをえない
naturally, teachers have become terrified of being labeled as a "Failed Teacher"
教师怕被别人贴上"无能教师"的标签而不得不随时战战兢兢　교사는 항상 「능력이 없는 교사」라는 낙인이 붙는 것을 두려워할 수 밖에 없다

Ⅳ　1〜2行目　自分なんかにできるわけがないとあきらめる態度ほどじれったいものはない
it is very frustrating to see people giving up on things even before they start
没有比认为自己绝对不行的放弃态度更让人着急的　나 같은 것이 할 수 있을 리가 없다고 포기하는 태도만큼 답답한 것은 없다

┌───┐
│　p.14〜p.15の答え：Ⅰ.2　　　　Ⅱ.1　　　　Ⅲ.1　　　　Ⅳ.3　　│
└───┘

長文によく使われる表現

学習日

月　日（　）

❀文末の表現に注意！

◆ ～にすぎない	＝～だけだ
◆ ～（に）ほかならない	▶「～である」ことを断定、強調
◆ ～ざるをえない	＝～なければならない
◆ ～ないではすまない	
◆ 必ずしも～とはかぎらない	＝全部が～ではない
◆ 一概に～とは言えない	▶部分的に否定している
◆ 多かれ少なかれ～ある	▶「いる」「ある」ことを強調
◆ 少なからず～いる／ある	
◆ ～ずにはいられない	＝どうしても～してしまう
◆ ～ずにはおかない	
◆ ～は言うまでもない	＝～は当然である

ほかにも文末表現はたくさんあります。
「ない」が入っている表現も多いです。

「ない」がまた
たくさんある……

▶答えは p.21、解説は別冊 p.2

Ⅰ　実に嘆かわしいことであるが、そういう人が少なからずいるのである。

問い　そういう人とあるが、それはどれぐらいいるか。

1　たくさんいる

2　すこししかいない

Ⅱ　いくら信号が青だったとはいっても、そんなにスピードを出していたのでは、事故の
責任は君にあると言わざるをえない。

問い　事故の責任は君にあると言わざるをえないとはどのような意味か。

1　事故の責任は君にある

2　事故の責任は君にはない

Ⅰ　1行目　実に嘆かわしいことであるが
it is so deplorable that …　雖然令人可叹　정말로 한탄스러운 것이지만

Ⅲ

　ある年齢に達したときに、「若いときと同じように活動的であり続けるべきだ。若さを保ち健康でいるために働き続けることが大切だ。だから現在の状況をできるだけ変えないのがいい。」と主張する人がいる。しかし、これは今現在健康である人の言葉にすぎない。

問い　健康である人の言葉にすぎないとはどのような意味か。

1　健康な人が言う言葉ではない

2　健康な人は言いすぎることがある

3　健康な人だけが言う言葉だ

4　健康な人はその言葉を言わない

Ⅳ

　むき出しの好奇心にブレーキをかけて（※1）、はっきり「知らない」といえず、そして、それを恥ずかしい、と思うようになるのは、それだけ自我意識が確立した、ということにほかならないわけだから、（　　　　）。しかし、知りたいという欲求をおさえて、知ったかぶりをする（※2）、というのは人生の生きかたとして、大きなマイナスなのではないか。頭のなかには、まだ、いくらでも情報は入る余裕がある。好奇心にブレーキをかけるのは、けっして賢明なことではないのだ。　　　（加藤秀俊『加藤秀俊著作集6』中央公論社による）

（※1）ブレーキをかける：put the brakes on　阻止　브레이크를 걸다

（※2）知ったかぶりをする：pretend to know　不懂装懂　알은체하다

問い　（　　　）にはどんな言葉が入るか。

1　少なからず、それをわるいことではないと思う

2　いちがいに、それをわるいことだ、とは思わない

3　はたして、それをわるいというのは疑問になるだろう

4　必ずしも、それがわるくないとは限らない

Ⅲ　1〜3行目　若いときと同じように……できるだけ変えないのがいい。
You should continue to be as active in your old age as you were young. In order to stay young and healthy, it is important to keep working and to maintain an active life style. That is why it is better not to change your current life style.
应像年轻时一样持续活动。为了保持年轻和健康，不断工作是很重要的。所以最好尽量不要改变现在的状况。
젊었을 때와 같이 지속적으로 활동적이어야 한다. 젊음을 유지하고 건강히 지내기 위해서는 일을 계속하는 것이 중요하다. 그러니까 현재의 상황을 바꾸지 않는 것이 좋다.

Ⅳ　1〜3行目　むき出しの好奇心にブレーキをかけて、……ということにほかならない
if you put the brakes on your curiosity and you cannot say that you don't know and you feel embarrassed, it means that you have developed your self-control
压抑好奇心，不好意思说"不知道"，而且觉得难为情，可以说这种心情就算是确立了自我意识
드러난 호기심에 브레이크를 걸어서 확실하게「모른다」라고 말을 못하고, 그래서 그것을 부끄럽다고 느끼게 되는 것은, 그만큼 자아의식이 확립되었다는 것이다

p.16〜p.17の答え：Ⅰ.2　　Ⅱ.3　　Ⅲ.2　　Ⅳ.1

文と文とをつなぐ言葉

接続詞・接続詞的表現①

学習日

　月　　日（　）

❀前の文と後ろの文とをよく比較しよう！

前の文は後ろの文の原因・理由を表す	→	したがって／ゆえに／それで など
後ろの文は予想外の結果などを表す	→	それなのに／それにしては／それにもかかわらず など
後ろの文は強調を表す	→	そればかりか／それどころか など

（　）の言葉を問われる場合は、前の文と後ろの文が、同じことを言っているか、違うことを言っているかに注意して読みます。

後ろの文を問われる問題もあるので、これらの言葉の意味をよく理解しましょう。

▶答えは p.23、解説は別冊 p.2

I　いじめで自殺する子どもの数は減少しない。（　　　　　）増える気配(※)さえ感じられる。

（※）気配：indication　气息　기색

問い　（　　　）に入る適当な言葉はどちらか。

1　それにしては

2　それどころか

II　彼は、偶然知り得た同僚の秘密を、だれかれかまわず(※)、みんなの前で話した。

（　　　　　）その同僚は職を失ったのだが、そんなことは彼の知ったことではなかった。

（※）だれかれかまわず：anyone and everyone　不管是谁　누구든지

問い　（　　　）に入る最も適当な言葉はどれか。

1　しかし　　　　2　すると　　　　3　それで　　　　4　したがって

II　1行目　偶然知り得た同僚の秘密
　　a colleague's secret which he happened to find out about　偶然知道了同事的秘密　우연히 알게 된 동료의 비밀
II　2行目　そんなことは彼の知ったことではなかった
　　he didn't care about it at all　他觉得那种事与自己无关　그런 것은 그에게 관계없는 것이었다

第1週
第2週
第3週
第4週
第5週
第6週

Ⅲ

　私たちが置かれている状況は、他人と同じようであっても全く同じではない。その状況を正確に認識して、その上で自分の生き方を決めねばならない。つまり、生き方は千差万別(※)である。他人と同じ生き方はできないのである。それなのに、（　　　　　）。

（※）千差万別：infinite variety　千差万别　천차만별

問い　（　　）に入る最も適当な言葉はどれか。

1　ほとんどの人は、他人と同じ生き方をしていない

2　他人と同じように生きようとしている人が多い

3　自分の生き方を主張すべきである

4　自分らしい生き方をしていくためには他人を気にすべきではない

Ⅳ

　今日、私たち人間は、何らかの病気にかかっていたり、体調が悪かったりして、そのために日々苦しんだり、不愉快な思いをしている場合が少なくありません。（　　　　　）、それらの病気や体の不調の中には、いわゆる精神面からきているものが相当多いと言われています。仕事の悩み、対人関係の悩みなどが原因となり、ストレスが積み重なって胃に穴が開いたり、髪の毛が抜けていくといったような現象が起きるのです。

問い　（　　）の中に入る最も適当な言葉はどれか。

1　それにもかかわらず

2　だから

3　したがって

4　ところが

Ⅲ　1～2行目　その状況を正確に認識して、その上で自分の生き方を決めねばならない。
It is important to recognize your personal circumstances before you decide what to do with your life.
必须正确了解这种状况，并在此基础上决定自己的生活方式。　그 상황을 정확히 인식하고, 그 위에 자신의 사는 방법을 결정하지 않으면 안된다.
Ⅳ　3～4行目　それらの病気や体の不調の中には、……相当多いと言われています。
it is believed that many of such illnesses and poor health conditions are the result of the psychological problems
据说在这些疾病或身体上的不适之中，有相当多是源自于精神方面的原因
그러한 병이나 몸의 상태가 좋지 않은 것 중에는, 흔히 말하는 정신면에 원인이 있는 것이 상당히 많다고 합니다

p.18～p.19の答え：Ⅰ．1　　Ⅱ．1　　Ⅲ．3　　Ⅳ．2

注意する言葉はどれ？

文と文とをつなぐ言葉
接続詞・接続詞的表現②

学習日

月　　日（　）

✿ 言いかえなどの言葉に注意！

前の文章		後ろの文章
事実や具体的な内容	つまり・結局・言いかえれば・要するに・すなわち　など	筆者の意見やまとめを言う場合が多い。《重要！》
事実や具体的な内容	いわゆる・いわば	一般的な言い方で表している。たとえで表現することが多い。
抽象的な内容	たとえば	前の文の内容についての具体的な例や説明が多い。
筆者の言いたいことの一部	ただし・もっとも	前の文の内容に説明を加えている。

ボクは日本語
全部読めるよ！
ただし、ひらがなだけ。

要するに、カタカナも
漢字も読めないんだね。

▶答えは p.25、解説は別冊 p.2

Ⅰ

彼は君の教えを守ろうとして、結局、失敗してしまった。（　　　　　）、君に責任がある。

問い　（　）に入る適当な言葉はどちらか。

1　いわゆる

2　要するに

Ⅱ

彼が読書家であることは聞いていたが、彼の家に行って、その本の多さに驚いた。
（　　　　　）。

問い　（　）に入る適当な文はどちらか。

1　もっとも、読んでいない本も多くあるそうだが

2　すなわち、読んでいない本が多いのではないだろうか

Ⅲ　テレビの料理番組などを見てしっかり覚えたつもりが、うろ覚え（※1）なので材料や手順も実際とは違うらしく、最初の思惑（※2）とは違うものになることが多々あった。あるいは、料理の本を見ながらなのに、入れる調味料を間違えたりして、見本とは違う味になることもあった。ところが、それが好評を得て、このような本にまでなったのである。言いかえれば、私の料理は、（　　　　　　）。

（※1）うろ覚え：vague recollection　微弱的记忆　어렴풋한 기억　　　　（※2）思惑：intention　意図　의도

問い　（　　）に入る最も適当なものはどれか。

　1　ごくありふれたものばかりである

　2　不評なものばかりである

　3　覚えにくいものばかりである

　4　失敗作ばかりなのである

Ⅳ　〈とまどう〉という言葉は、もともと〈戸惑う〉と書いて、夜中に目をさまし、ねぼけて（※1）方角を失い惑うこと、入るべき部屋、戸を忘れて迷うことの意味があります。人は、刻一刻（※2）、新しい扉を、自分で開けながら、（　　　）、なにかを捨て、なにかを選びながら生きているわけだけれど、普段は、それを無意識におこなっているので、あまり迷わない。しかし、夜中とか、旅先とか、日常の時間の流れが変ったとき、〈とまどう〉〈惑う〉という感じを強くもつのですね。

（五木寛之『生きるヒント ── 自分の人生を愛するための12章』角川書店による）

（※1）ねぼける：be half asleep　睡糊涂　잠에 취해 멍하다
（※2）刻一刻：moment by moment　一分一秒　시시각각

問い　（　　）に入る最も適当な言葉はどれか。

　1　つまり　　　　　2　たとえば　　　　3　ただし　　　　4　もっとも

Ⅲ　4行目　それが好評を得て、このような本にまでなったのである
because they were very well received, they have been published in this book
这些菜受到好评，于是就编成了这样的书　그것이 호평을 받고, 이러한 책까지 나오게 된 것이다

Ⅳ　5～6行目　夜中とか、旅先とか、……強くもつのですね
we tend to feel lost when we find ourselves in unfamiliar circumstances such as in the middle of the night or while travelling
在夜里或外出之地等与日常时间规律有所改变的时候，就会更强烈感觉到"犹豫困惑"啊
한밤중이나 여행지나 일상적인 시간의 흐름이 바뀌었을 때, 〈당황하다〉〈망설이다〉라는 느낌을 강하게 갖게 됩니다

p.20～p.21の答え：Ⅰ.**2**　　　Ⅱ.**3**　　　Ⅲ.**2**　　　Ⅳ.**4**

注意する言葉はどれ？

まとめの問題

問題1 次の文章を読んで、 1 から 2 の中に入る最もよいものを、1・2・3・4から一つ選びなさい。

🔊 No.07

　アメリカから日本に移り住んで五年あまり、日本語はかなり上手に使えるが、「この間はどうも……」ばかりは、いまだに使いこなせなくて困っているアメリカ女性がいる。(中略)

　日本人は、親切を受けた時と次に会った時の、最低二回は謝意をあらわすということを、彼女は頭では理解していた。 1 、現実の場面で、相手が、そのことばを今か今かと待ち望んでいることまで、見ぬいている。それなのに、 2 。彼女の表現リストの中には、「この間はどうも……」は入っていないので、懸命に努力しても思い出せないのである。幼い頃からの言語習慣からぬけ出して、外国語を、場面に応じて適切に使いこなすことはむずかしい。

(直塚玲子『欧米人が沈黙するとき』大修館書店による)

1

1　ただし　　　　2　つまり　　　　3　その上　　　　4　それにしては

2

1　ことばが自然には出てこない

2　ことばを口にしていいかどうか迷う

3　ことばの意味がよくわかっていない

4　ことばで伝えたくないと思う

問題2 次の文章を読んで、**3**から**5**の中に入る最もよいものを、1・2・3・4から一つ選びなさい。

🔊 No.08

　世の男性のなかには、“ぽっくり願望（※1）”を抱く人が相当数いると聞く。脳卒中か心臓麻痺による突然死のほうが、長々とした闘病の末に死ぬよりは、痛みも苦しみもなくていい、というわけである。私の意識のなかにも、“ぽっくり願望”が**3**。

　しかし、突然死では自分の人生のしめくくりができないではないかという思いが、私には強い。（中略）

　突然死よりガン死を――という生き方の理念を教えてくれたのは、日本で死の臨床に先駆的に（※2）取り組んできた神戸市の河野博臣医師と東京大学医学部放射線科の飯尾正宏教授である。二人の医師の考えは一致していて、ガンを人間に与えられた自己完成あるいは自己実現の一つの機会としてとらえようというのである。

　ただ、誰しもがそこで戸惑うのは、ガン死となると、痛みと苦しみのなかで**4**という点であろう。実際、過去においては、そういう例が少なくなかったし、現在でも**3**。（中略）

　5、（いまガンで苦しんでいる人々には申しわけないが）あえて私が突然死よりガン死をという考えに傾いているのは、虚勢を張って（※3）のことではない。残された時間が、一年とか三年という単位であればベター（※4）だが、仮に一週間とか一ヵ月であってもよいから、人生を総括するだけの時間が欲しいのである。

（柳田邦男「突然死よりガン死を」『死ぬための生き方』新潮45編　新潮社による）

（※1）ぽっくり願望：突然死にたいと願うこと　　（※2）先駆的に：だれよりも先に
（※3）虚勢を張って：強いふりをして　　（※4）ベター：よりよい

3

1　ないわけではない　　　　　　　　　2　ないではいられない
3　ないにちがいない　　　　　　　　　4　ないではすまない

4

1　悲惨な死を迎えるのではないか　　　2　死ぬ時期がわからないのではないか
3　穏やかな死を迎えたい　　　　　　　4　突然の死を迎える覚悟がない

5

1　要するに　　　　2　ゆえに　　　　3　それどころか　　　4　にもかかわらず

次の文章を読んで、 6 から 10 の中に入る最もよいものを、1・2・3・4から一つ選びなさい。

🔊 No.09

---

6 、それを直すために整形をほどこす必要などはないだろう。"蓼食う虫も好きずき"(※1)という世のなかでは、むだなものはなに一つない。どんなに顔が醜くても、またそれ相応(※2)の天職もあるだろう。

しかも人の容貌というのは、心の作用によって少なくともその表情を変えることができる。そして人の顔色を読むには、骨格や肉づきがどうなっているかよりも、むしろその表情に頼ることのほうが多い。米国の大統領リンカーンは、有名な醜男であった。しかし、親しくこの人に接した者は、彼の青ざめた顔や大きな口、くぼんだ目などは忘れて、その慈愛に富んだ表情にのみ魅了されたという。

7a の改造はできなくても、 7b の改良はできる。もちろん、 7b を改良したからといって、ただちにそれが 7c にあらわれることはないかもしれない。また、相手が容貌と心との見分けのつかないような人なら、結局のところ親しく接してはくれないかもしれない。だが、「外部の顔のためになにを苦しんでいるのか。どうしてこんなもののために進取の気性(※3)を奪われ、いたずらに(※4)卑屈で引っこみ思案(※5)になっているのか」と思えるくらいになれば、 8 。

また、外部にあらわせない秘密をもっている場合も同じである。道徳上恥じるにたりない秘密、 9 自分の心に照らして恥ずかしくない秘密ならば、暴露したところで一時の笑い話となるか、ちょっとしたご愛嬌ですむだろう。そのために心を痛め、胸を苦しめ、人に顔を見られるのを恐れるにはあたらない。

田舎から上京した人は、東京の流儀を知らないために、なにかにつけて無礼な振舞いをするのではないかと心配する。だが自分の心にたずねてみて、人に無礼を働く念が少しもなければ、動作がぎこちなくても人は許すだろう。また、 10 。

(新渡戸稲造『現代語で読む最高の名著「自警」自分のための生きがい』三笠書房による)

（※1）蓼食う虫も好きずき：人の好みはさまざまである
（※2）それ相応：それにふさわしい
（※3）進取の気性：自分から進んで物事をしていこうとする気持ち
（※4）いたずらに：むだに、意味もなく
（※5）引っ込み思案：進んで物事をやろうとしないこと

6

　1　顔が醜いとはいうものの

　2　顔が醜いのは言うまでもないが

　3　顔が醜いにもかかわらず

　4　顔が醜いからといって

7

　1　a　心　　　　　b　顔　　　　　c　心

　2　a　顔　　　　　b　表情　　　　c　顔

　3　a　顔　　　　　b　心　　　　　c　顔

　4　a　表情　　　　b　顔　　　　　c　表情

8

　1　一瞬だけ心がはればれしてくるにすぎない

　2　心がはればれするとは言えないのではないか

　3　一概に心がはればれするとは限らない

　4　心もはればれとしてくるにちがいない

9

　1　結局　　　　　　2　すなわち　　　　3　ただし　　　　4　いわゆる

10

　1　自分の良心も必ずそれを許すものである

　2　自分の良心はそれを許すはずがない

　3　自分の良心に聞いてみれば、わかることだ

　4　自分の良心がそれを許すまでもない

皆さんは、ちょっと高級な寿司屋で、注文をしたことがありますか。

回転寿司のタッチパネルで注文するのではなく、店員や板前に直接注文するのですが、その時、特別な言葉を耳にします。こんな風に。

店員：お飲み物は？

客　：お茶２つ。

店員：あがりリャン（＝お茶２つ）！

これは、寿司屋に共通の隠語で、大きい声で板前や店員が言うと、飲み物を出す人にも、伝票を書く人にも客の注文が聞こえます。ちなみに、１つだったら「ピン」３つなら「ゲタ」です。「ピン＝１」や「リャン＝２」は知っていたのですが、「ゲタ＝３」はどうして？と板前さんに尋ねると、「下駄の鼻緒」を通す穴が３つだからと教えてくれました。

３つの穴

鼻緒

ほかにも、ご飯は「シャリ」、生姜を薄切りにして甘酢漬けにしたものは「ガリ」など、たくさんの言葉がありますから、調べてみてください。食べ終わったら「おあいそ（＝会計）、お願いします」と言いましょう。

Interesting words heard at sushi restaurants

Have you ever placed an order at a slightly upscale sushi restaurant?

Instead of ordering from a touch panel at a conveyor-belt sushi restaurant, you order directly from the waiter or chef, and you will hear special words at that time. Words like this.

Waiter: What would you like to drink?

Customer: Two teas.

Clerk: Agari ryan (= two teas)!

This is a common codeword for sushi restaurants. When a chef or waiter says it in a loud voice, the person serving the drinks and the person writing the order list can hear the customer's order. By the way, pin is said for one and geta is said for three. When I said to a chef that I knew that pin means one and ryan means two, but wondered why geta means three, I was told that it was because a geta shoe has three holes for the straps to go through.

There are many other words, such as shari for rice and gari for thinly sliced ginger pickled in sweet vinegar, so please look them up. When you have finished eating, say, "Oaiso (= bill) onegaishimasu."

在寿司店会听到的有趣语言

不知道大家有没有在略微高档的寿司店点过餐？

不是在回转寿司店通过触摸屏点菜，而是直接向店员或厨师点菜时，你就会听到一些非常特殊的语言。就像这样。

店员：您想喝点什么？

顾客：两杯茶。

店员：agari ryan（= 两杯茶）！

这是寿司店通用的行话，厨师或是店员会用大嗓门喊出，让上饮料的人和写小票的人都能听到顾客下的单。顺带一提，一杯的话就是"pin"，三杯的话就是"geta"。我向厨师问道，"pin=1"和"ryan=2"我是知道的，但为什么"geta=3"？他告诉我是因为用来穿"木屐（发音也为geta）绳带"的洞正好也是3个。

其他还有很多词，比如米饭是"shari"，切成薄片并用甜醋腌制的生姜是"gari"等等，大家可以查查看。让我们在吃完后说"麻烦oaiso（= 结账）"吧。

초밥집에서 듣는 재미있는 말

여러분은 어느 정도 고급스러운 초밥집에서 주문을 해본 경험이 있으신가요?

회전초밥집의 터치패널로 주문하는 방식이 아니라 점원이나 주방장에게 직접 주문을 하는 방식인데, 이때 특별한 말을 듣게 됩니다. 이런 식으로 말이죠.

점원 : 음료는 어떻게 하시겠어요?

손님 : 차 2 잔이요.

점원 : 아가리 랸 (= 차 2 잔)!

이 말은 초밥집에서 공통적으로 사용하는 은어로 주방장이나 점원이 큰 목소리로 말하면 음료를 내오는 사람이나 계산서를 작성하는 사람에게도 고객의 주문이 전달됩니다. 참고로 1 개면 '핀', 3 개면 '게타'라고 합니다. '핀 =1' 이나 '랸 =2' 에 대해서는 알고 있었지만, 왜 '게타 =3' 인가요? 하고 주방장에게 물었더니 '게타 (나막신) 의 끈' 을 넣는 구멍이 3 개라서 그렇다고 알려 주었습니다.

그 밖에도 밥은 '샤리', 생강을 얇게 썰어 단 식초에 절인 '가리' 등 다양한 말이 있으니 찾아보기 바랍니다. 식사가 끝난 후에는 '오아이소 (= 계산) 부탁드립니다' 라고 말합시다.

いつ・だれ・何のこと？

いつ、だれ、何のこと？　　　　　　🔊 No.10

それはだれのこと？

🌸 文章に主語が表れているかどうかに注意！

主語が 離れている場合	は……である。	◆「〜は…である。」という文型に注意する。
主語が 表れていない場合	（は）……。	◆主語は「私」「自分」「著者」であることが多い。
何人か人物が 出てくる場合	は……。は……。	◆人物の関係や時の流れに注意する。

日本語は主語が表れない文が多いね。

そうそう、だからわかりにくいんだ！

あなたは、主語が表れていてもわからないんでしょ！

▶答えは p.33、解説は別冊 p.3

I

　　彼女はあの男が自殺を図った事件に首を突っ込まなかったから無事(※)だったんだ。

（※）無事：safe　安全　무사

　　問い　無事だったとあるが、だれが無事だったのか。

　　　　1　彼女　　　　　　　　　　　　　　2　あの男

II

　　他人の意見より自分の意見のほうが正しいと思いがちである。しかし自分の意見は、

　　思うほど正しくないことも多い。

　　問い　思うとあるが、だれが思うのか。

　　　　1　他人　　　　　　　　　　　　　　2　自分

....

I　1行目　彼女はあの男が自殺を図った事件に首を突っ込まなかった
she did not get involved in the problem which led to his attempted suicide
她没有过深地涉入那个男人企图自杀的事件　그녀는 저 남자가 자살을 시도한 사건에 관여하지 않았다
II　1行目　他人の意見より自分の意見のほうが正しいと思いがちである。
We tend to think that our own opinions have better grounds than others.
人们容易觉得自己的意见比别人的意见更正确。　다른 사람의 의견보다 자신의 의견이 옳다고 생각하기 쉽다.

Ⅲ

　私は講演を頼まれたとき、自分の経験をよく話すのだが、その話が聞く側にとって魅力あるものだということが<u>わかれば</u>、内に隠れていた体験や経験が次から次へとわき出てくるのである。その結果、講演のテーマと大幅にずれ、関係者を慌てさせることがよくある。

　問い　<u>わかれば</u>とあるが、だれがわかるのか。

　　1　話している自分

　　2　話を聞いている人

　　3　関係者

　　4　話している自分とそれを聞いている人

Ⅳ

　僕が相撲に興味を持ったのはいつごろのことであろうか。父親が大の相撲好きとあって、物心がついた（※1）ときから力士の名前を口にし、テレビの前で応援していたものだ。僕は強い力士が好きだった。昇鵬（※2）の大ファンであった。とにかく昇鵬は強かった。昇鵬の引退後、史上最強と言われた能登の湖（※2）が現れたが、僕の心の中では昇鵬が強かった。強さと容姿を兼ね備えた虎の富士（※2）が出てきたとき、確かにかっこいいと思ったが、まだ僕の思う強さではなかった。そして僕と親子ほど年の違う翔平山（※2）が出てくるまで、昇鵬に勝る力士はもう現れないと思っていたのだった。今やその翔平山も引退して 10 年近くになる。翔平山の後も強い力士は出てくるが、これは、と思える力士はいくら待てども出てこない。さみしい限りだ。

（※1）　物心がつく：reach the age of discretion　懂事　철들다

（※2）　昇鵬、能登の湖、虎の富士、翔平山：names of (fictional) sumo wrestlers

　　　　　　　　　　　　　　　　力士的名字（非真实姓名）　씨름꾼의 이름（실존하지 않음）

　問い　筆者はどの力士がいちばん好きだったか。

　　1　昇鵬　　　　　　2　能登の湖　　　　　3　虎の富士　　　　　4　翔平山

Ⅲ　2〜3 行目　内に隠れていた体験や経験が次から次へとわき出てくるのである
various stories about my experiences start gushing out
就会源源不断地托出内心隐藏的体验或经历　안에 숨겨져 있던 체험이나 경험이 잇달아 떠오르는 것이다

Ⅳ　6〜7 行目　僕と親子ほど年の違う……思っていたのだった
until Takanohana appeared, who was young enough to be my son, I had believed that no wrestler would surpass Taiho
在与我年龄相差如父子般的贵乃花出现之前，我一直以为不会有能够超过大鹏的相扑力士
나와는 부모와 자식만큼의 나이차가 있는 와카노하나가 나올 때까지, 다이호를 이길 역사（力士）는 이제 나타나지 않을 것이라고 생각하고 있었다

```
まとめの問題（p.24 〜 p.27）の答え：問題 1  1 3    2 1
問題 2  3 1    4 1    5 4    問題 3  6 4    7 3    8 4    9 2    10 1
```

いつ、だれ、何のこと？ 🔊 No.11

それはいつのこと？

✿実際に起きたことかどうか考えよう！

現実の話？

過去の話？

想像の話？

現在の話？

未来の話？

どっちが先？

◆ 仮定の中の「時」に注意！

もし、当時、あなたが困っているということを知っていたら、（＝実は、知らなかった）

私は、助けることができたのに……。

（＝実は、助けることができなかった）

◆ 話の流れに注意！

▶答えは p.35、解説は別冊 p.3

I

事件が起きうる可能性を予測しながら、放置してきた大人たちが非難されるべきだ。

問い　事件とあるが、事件は起きたのか、まだ起きていないのか。

1　まだ起きていない。

2　もう起きた。

II

自分の夢を実現するために、私はあらゆる努力も惜しまなかった。しかし、どんなに努力しても夢は遠くなるばかりで絶望の境地(※)に陥った時期もあった。あの時あきらめていたら、今の私はなかったであろう。

（※）境地：state　境地　경지

問い　自分の夢とあるが、その夢は実現したのか。

1　実現しなかった。

2　実現した。

I　1行目　事件が起きうる可能性を予測しながら、放置してきた大人たちが非難されるべきだ。
The adults who could have anticipated the accident and did nothing to prevent it should be blamed.
最应该受到指责的是预测到有可能出事却一直放任不管的大人们。
사건이 일어날 가능성을 예측했으면서도, 방치해 왔던 어른들이 비난을 받아야 한다.
II　1行目　私はあらゆる努力も惜しまなかった
I put everything into it　我竭尽了全力　나는 어떠한 노력도 아끼지 않았다
II　1～2行目　どんなに努力しても夢は遠くなるばかりで絶望の境地に陥った時期もあった
I have had times when I lost hope because despite all my effort, my dreams still seemed so far away
但也有过一段时期，陷入了越努力梦想却越遥远的绝望境地　아무리 노력을 해도 꿈은 멀어지기만 해서 절망의 경지에 빠졌던 때도 있었다

Ⅲ

電話を前にして、彼女に僕の恋心を告げるべきかどうか非常に心が揺れていた。昔の僕だったら、ためらいもせず告白しただろうに。今回ほど断られることが怖いと思うことはない。電話番号を聞く勇気はあったじゃないか、軽く映画にでも誘えばいいじゃないか、と言い聞かせながら、今日もまた時間が過ぎていった。

問い 「僕」に実際に起きたことはどれか。

1　彼女に電話をした。　　　2　彼女に自分の気持ちを伝えた。

3　彼女に電話番号を聞いた。　4　彼女を映画に誘った。

Ⅳ

　以前、横浜市の總持寺の貫首(※1)をつとめられていた板橋興宗禅師(※2)。私が尊敬してやまない方です。

　板橋禅師はガンの告知を受けられました。ガンはかなり進んでいるようです。それでも板橋禅師は何事もなかったかのように、毎日座禅と托鉢(※3)に励んでいらっしゃいます。「今ではガンと一緒に生活するのを楽しんでいますよ」と禅師は言うのです。

　これはなかなか言えることではありません。

　ガンであるという事実は変えることができない。「ガンは嫌だ」とあがいて(※4)みたところで、ガンがなくなるわけではない。事実は事実なのです。

(枡野俊明『禅、シンプル生活のすすめ』三笠書房による)

(※1) 貫首：chief abbot (of a Buddhist temple)　貫首　주지
(※2) 禅師：honorific titles for monks in Zen temples　禅師　선사
(※3) 座禅と托鉢：Zazen (zen meditation) and takuhatsu (mendicancy)　坐禅和托鉢　좌선과 탁발
(※4) あがく：struggle　挣扎　발버둥 치다

問い 板橋禅師に実際に起きたことはどれか。

1　医者にガンだと言われた。　　2　健康で、生活を楽しんでいる。

3　毎日の禅の修行をやめた。　　4　ガンは嫌だと抵抗している。

Ⅲ 1〜2行目　昔の僕だったら、ためらいもせず告白しただろうに。
I would have told my true feelings to her had I been young.
如果是以前的我，早就毫不犹豫地表白了。　옛날의 나였다면, 주저하지 않고 고백을 했을 텐데.
Ⅳ 4〜5行目　板橋禅師は何事もなかったかのように、毎日座禅と托鉢に励んでいらっしゃいます
the zen monk, Itabashi, continues to meditate and beg as if nothing has happened
板桥禅师仍然若无其事地每天坚持坐禅和托钵　이타바시 (板橋) 선사는 아무 일도 없었다는 듯이, 매일 좌선과 탁발에 힘쓰고 계십니다

p.30〜p.31の答え：Ⅰ.1　　Ⅱ.2　　Ⅲ.1　　Ⅳ.4

いつ、だれ、何のこと？ 　🔊 No.12

どんな気持ち？

✿表情や感情を表す言葉を見つけよう！

だれの気持ち？

常識を ～自分

こんな言葉に注意！

◆ 読み手の気持ちは入れない

◆ 常識だけで判断しない

表面
外見 → 実は心の中は違う
一見

内心 → 外には反対の形で表れる
本心

あなたって、一見、かしこそうに見えるんだけどね……

？？？
3+2＝

▶答えは p.37、解説は別冊 p.3

I

彼は、娘が留学をあきらめずにいることを知って、ため息をついた。

問い　彼の気持ちは次のどちらに近いか。

1　うれしい

2　うれしくない

II

彼女は、上司にどんなに大変な仕事を指示されようとも、嫌な顔一つせず従った。しかも表面的には楽しそうに仕事していたので、同僚の絵里子を除いてだれも、<u>彼女の本心</u>はわからなかった。

問い　<u>彼女の本心</u>とは、ここではどのようなことか。

1　仕事を嫌だと思っている。

2　仕事を楽しいと思っている。

II　1行目　彼女は、上司にどんなに大変な仕事を指示されようとも、嫌な顔一つせず従った。
She faithfully followed her boss' orders, no matter what they were.
不论上司发出什么命令，她都毫无怨言地服从。　　그녀는，상사에게 어떠한 명령을 받더라도，싫은 얼굴 하나하지 않고 수행했다．

第1週

第2週

第3週

第4週

第5週

第6週

Ⅲ

　あるボランティアの人の話では、最初は涙を流して感謝されたことであっても、時間がたつにつれ、ボランティアを受ける側にとってそうされることが当たり前となり、最後には手伝っている側がむっとするようなことがよくあるそうだ。そのような経験がボランティアの長続きを妨げているのだという。

問い　この場合のボランティアをする人たちの気持ちは次のどれに近いか。

1　嫌なこともあるが、ボランティアをすることは自分にとって大切だ。

2　ボランティアといっても、相手に嫌がられることが多く、悲しい。

3　結局嫌な気持ちにさせられることが多く、ボランティアをやめたくなる。

4　自分にはボランティアの仕事は向いていないと思う。

Ⅳ

　人間には、わからないことや知らないことがあって当然である。ただ私のわからないことや知らないことは、世間では常識的なことが多いように思う。だから、それがみんなが知っていることだということがわかると、つい、わかったふりをしてしまう。どうして「わからない」「知らない」と言えないのか。自尊心(※1)が強いからというより、物事に対してあまりにも鈍感(※2)である自分をさらけ出したくないのである。素直になりたいものである。

(※1)　自尊心：self-respect　自尊心　자존감　　　　(※2)　鈍感：insensitive　迟钝　둔감

問い　筆者がいちばん言いたい気持ちは次のどれか。

1　常識的なことは知っておきたい。

2　他人に自分がわからないということを知られたくない。

3　わからないことは「わからない」と言いたい。

4　物事に対して敏感でありたい。

・・

Ⅲ　2〜3行目　最後には手伝っている側がむっとするようなことがよくあるそうだ
in time, there are cases when volunteers become annoyed
最后倒是出现不少热心帮忙的人却满腹怨气的情况　　결국에는 도와주고 있는 쪽이 불끈 화를 낼 만한 일도 자주 있다고 한다

Ⅳ　2〜3行目　それがみんなが知っていることだということがわかると、つい、わかったふりをしてしまう
when it seems that everyone else knows about something, I often pretend that I know it as well
一旦知道这是大家都懂的事情时，便装作自己也懂了　　그것은 모두가 알고 있는 것이라는 사실을 알았을 때, 무심코 아는 체를 해 버린다

Ⅳ　5行目　物事に対してあまりにも鈍感である自分をさらけ出したくないのである
I hesitate to openly show that I am so indifferent to things around me
是因为不想暴露出自己对于事物过于迟钝　　어떤 사실에 대해서 너무나 둔감한 자신을 드러내고 싶지 않은 것이다

p.32〜p.33の答え：Ⅰ.**2**　　Ⅱ.**2**　　Ⅲ.**3**　　Ⅳ.**1**

「これ」「それ」①

🌸 内容は、たいていすぐ前にある！
（ないよう）

◆ メールが届く。そのたびに…。
（とど）

すぐ前に書いてあります。

◆ 夫が倒れたという知らせでした。そのことは…。
（たお）

じゃ、これは『知らせ』なんじゃないの？

すぐ前といっても、もちろん内容のある部分のことだよ。
（ないよう）（ぶぶん）

▶答えは p.39、解説は別冊 p.3
（こたえ）（かいせつ）（べっさつ）

I

　　私はリハビリ（※）のつらさに何度もくじけそうになった。そのたびに、「お兄ちゃん、一緒に頑張ろうね。」と声をかけてくれた幼い少年の笑顔に励まされて、歩行訓練の痛みに耐えたのです。
（いっしょ　がんば　　　　　　　　おさな　えがお　はげ　　　　ほこうくんれん　いた　　た）

（※）リハビリ：rehabilitation　　康复训练　　재활치료

問い　そのたびにの内容はどちらか。
（ないよう）

1　リハビリのつらさに負けそうになるたびに
　　　　　　　　　　　（ま）

2　幼い少年が声をかけてくれるたびに
　（おさな）

II

　　その役者（※）さんが舞台に出ているときに、悲しい電話が入りました。母親が亡くなったという知らせでした。日ごろからその母親は「私が死んでも舞台中の息子には知らせるな」と言っていたので、関係者はそのことを知らせないことにしたそうです。
（やくしゃ　　ぶたい　　　　　　　　　　　　　　　　　　　　　　　な　　　　　　　　　　　　　　　　　　　　むすこ　　　　　　　かんけいしゃ）

（※）役者：actor　　演员　　배우
（やくしゃ）

問い　そのことは、何を指すか。
（さ）

1　その役者さんの母親が亡くなったこと
　（やくしゃ）（な）

2　母親が自分の死を息子に知らせるなと言ったこと
　　　　　　　　　（むすこ）

I　1行目　私はリハビリのつらさに何度もくじけそうになった。
I often felt discouraged because my rehabilitation was so difficult.
我曾因康复训练的痛苦而好几次感到灰心气馁。　　나는 재활훈련 (리허빌리테이션)이 힘들어서 몇 번이나 좌절할 뻔 했다.
II　2〜3行目　私が死んでも舞台中の息子には知らせるな
When I die, don't tell my son until he has finished performing.
即使我死了也不要告诉在台上演出的儿子。　　내가 죽더라도 무대에 서고 있는 아들에게는 알리지 마라.

Ⅲ

　　母が死んでから、五、六年の間は、この状態で暮らしていた。おやじにはしかられる。兄とはけんかをする。清(※1)には菓子をもらう、ときどきほめられる。別に望みもない、これでたくさんだと思っていた。ほかの子供もいちがいに(※2)こんなものだろうと思っていた。ただ、清が何かにつけて、あなたはおかわいそうだ、不幸せだとむやみに(※3)言うものだから、それじゃかわいそうで不幸せなんだろうと思った。そのほかに苦になることは少しもなかった。ただおやじがこづかいをくれないには閉口した。

（夏目漱石『坊ちゃん』による）

（※1）清：female name　女性名字　여성 이름　　　　　（※2）いちがいに：on the whole　无例外地　일률적으로
（※3）むやみに：excessively　胡乱、随便　무턱대고

問い　そのほかにの「その」が指す内容はどれか。

　1　おやじにしかられること　　　　　　　　2　兄とけんかすること

　3　清が、あなたはかわいそうだ、と言うこと　4　おやじがこづかいをくれないこと

Ⅳ

　　人間は生まれてから沈黙の期間が約一年間あります。その間に回りの人たちの話すことばをことばとして認識し始めます。そして、その後、物事とことばの対応からことばを次第に身につけ、次に、状況に合わせて自分から決まり文句や二語文を言い始めます。一度ある場面で、模倣でなく自発的に口にした表現を子どもたちは忘れることなくいつでも引き出して使います。ことばを出すときには、常に状況があり、その状況を即座に判断し、瞬時に何を話すかを頭の中で考えているのです。この過程が大事なのです。一度言ったことばを忘れないのは、思考を通してそれを自分の口から使うことによって、自分のことばとして定着していくからです。

問い　この過程を表しているものはどれか。

1　| 物事とことばの対応 | → | 状況の認識 | → | 思考 |

2　| 思考 | → | 状況の認識 | → | 自分のことば |

3　| 状況の認識 | → | 思考 | → | 自分のことば |

4　| 状況の認識 | → | 自分のことば | → | 思考 |

Ⅲ　6行目　ただおやじがこづかいをくれないには閉口した。
I found it difficult that my father did not give me any pocket money.　只是对老爷子不给我零花钱而感到为难。　단지 , 아버지가 용돈을 주지 않는 것에는 질색을 했다 .
Ⅳ　5～6行目　ことばと出すときには、……考えているのです。
To come up with words, we always evaluate the situation, and instantly think about what to say next.
说话的时候，总是在一定的状况之下，我们立即判断当下的状况，并在脑中瞬间思考该说什么。
말을 꺼낼 때는 , 항상 어떤 상황이 있어 그 상황을 그 자리에서 판단하고 순식간에 무엇을 말할 것인지 머릿속에서 생각하고 있는 것입니다 .

p.34 ～ p.35 の答え：Ⅰ. 2　　　Ⅱ. 1　　　Ⅲ. 3　　　Ⅳ. 3

いつ、だれ、何のこと？

$\blacktriangleright$))) No.14

「これ」「それ」②

✿たくさんあったら、順番に！

A　○○です。これは△△です。これが××です。
　　　　　　○○　　　　　△△

B　○○です。これは△△です。これが××です。
　　　　　　○○　　　　　○○

Aのように指すものが次々に変わっていく場合とBのようにずっと変わらない場合があります。

▶答えは p.41、解説は別冊 p.3

I
　友人がまたやって来た。彼は金に困るとやってくる。嘘をついて私をだましては金を巻き上げて(※)いくのだ。今日も彼の話が始まった。それはまたいつもの嘘だった。それが私にわからないはずがなかったが、彼も<u>それ</u>を承知で芝居を続けるしかなかったのだ。

（※）金を巻き上げる：swindle money out of　把钱骗走　돈을 빼앗다

問い　<u>それ</u>は、何を指しているか。

1　彼の話
2　彼の話が嘘だということ
3　彼の話が嘘だと私が知っていること

II
　もう管理社会の時代が来ている、と考えるぼくが正しいか、それとも、まだその時代が来ていない、と考える人間の方が正しいか、そのことを問題にするのはやめましょう。むしろまだとか、もうとかいって争うような時代が来たと分かればいいのですし、<u>それ</u>で充分だと思うのです。

問い　<u>それ</u>の内容は何か。

1　管理社会の時代が来ているということ
2　管理社会の時代が来ていないと考える人間がいること
3　管理社会の時代が来ていると考えるのが正しいかどうかということ
4　まだとか、もうとかいって争うような時代が来たとわかること

I　3行目　彼もそれを承知で芝居を続けるしかなかったのだ
he had no choice but to continue deceiving me
他也只能心知肚明地继续演戏　그도 그것을 알면서도 속임수를 계속할 수 밖에 없었다

III

哲学が現実から出立するということは、何か現実というものを彼方(※1)に置いて、それについて研究するということではない。現実は我々に対してあるというよりも、その中に我々があるのである。我々はそこに生れ、そこで働き、そこで考え、そこに死ぬる(※2)、そこが現実である。我々に対してあるものは哲学の言葉で対象と呼ばれている。現実は対象であるよりもむしろ我々がそこに立っている足場であり、基底である。

(三木清『哲学入門』による)

(※1) 彼方：far away　远方　머나먼 저편
(※2) 死ぬる：Ancient word for "死ぬ"　"死ぬ"的古语　'死ぬ'의 옛말

問い　その中とは何を指しているか。

1　哲学の中　　　　2　対象の中
3　研究の中　　　　4　現実の中

IV

あたりまえの会話の大切なこと、それがどれほど心の支えになっていたか、私は父の死後、急速にそのことを感じた。父との会話に、父の言葉に、私は深い飢餓状態(※1)に落ちこんでいった。そしてそこからぬけ出すことは、父に代わる誰かとの会話が必要であった。父と親しかった人と会えば、それはすぐその場で満たされることは充分承知していても、用事もないのに、気易く(※2)漠然と自分のためにだけ人を訪問する勇気は、私にはなかった。

(室生朝子『父　室生犀星』三笠書房による)

(※1) 飢餓状態：state of starvation　饥饿状态　기아 상태
(※2) 気易く：easily　放轻松地　쉽게

問い　それとは、何のことか。

1　あたりまえの会話
2　あたりまえの会話が大切なこと
3　深い飢餓状態
4　父に代わる誰かとの会話の必要性

III　4～5行目　現実は対象であるよりも……基底である。
Reality is not the object but rather the scaffold and the base on which we stand.
与其说现实是对象，倒不如说是我们立足于此的立脚点和基础。
현실은 대상이라기보다 오히려 우리가 그곳에 서 있는 발판이자 바닥이다.

IV　2～3行目　父との会話に、父の言葉に、私は深い飢餓状態に落ちこんでいった。
I started craving conversations with my father and to hear my father's words.
对于和父亲的谈话以及父亲的话语，我陷入了深深的饥饿状态。　아버지와의 대화, 아버지의 말씀이 그리워서 나는 심한 기아 상태에 빠져들었다.

p.36～p.37の答え：Ⅰ.1　　Ⅱ.1　　Ⅲ.3　　Ⅳ.3

39

「これ」「それ」③

✿内容が後ろにあるものに注意！

◆ これ 預かってと言って○○を渡した。
　 ‾‾　　あず　　　　　　　　　　　　わた
　 ○○

◆ それは来た。こんなに早く△△が来るとは。
　 ‾‾
　 △△

◆ これも……。……がこの××だ。
　 ‾‾　　　　　　　　　　　　　××

読み手に何だろうと期待させるためにあとで内容を説明する文章の書き方。
説明は必ずあとに書いてあるので大丈夫！

同じ意味の言葉の繰り返しや強い言い方ではっきりと内容を教えています。

▶答えは p.43、解説は別冊 p.3

Ⅰ
　　　女の子は「さっき転んだの。スニーカーのひもを踏んじゃって。ほら、ここ。」と、
　　　　　　　　　ころ　　　　　　　　　　　　　　ふ
血がにじんだひざを見せた。
ち

問い　こことは何を指しているか。
　　　　　　　　　　　　さ

　1　スニーカーのひも

　2　ひざ

Ⅱ
　　　それはあまりにも突然やってきた。いつかは来ると覚悟はしていたが、そのいつかと
　　　　　　　　　　とつぜん　　　　　　　　　　　かくご
いうのは、遠い先のことだと思っていた。そしてそれは娘が結婚するときだと信じて疑
　　　　　　　　　　　　　　　　　　　　　　　　　むすめ　　　　　　　しん　　　うたが
わなかった。まさかこんな形で娘との別れが来ようとは……。しかも、こんなにも早
　　　　　　　　　　　かたち　むすめ　わか
く、突然に。

問い　それとは何を指しているか。
　　　　　　　　　　　　さ

　1　娘が結婚するとき
　　　むすめ

　2　娘との別れ
　　　わか

Ⅱ　3行目　まさかこんな形で娘との別れが来ようとは……
I never dreamed I would lose my daughter in this way…
没想到竟然是这样和女儿分离…　　설마 이런 형태로 딸과의 이별이 올지라고는…

Ⅲ

「正夢」というのがあるが、これもそれかもしれない。金持ちになった夢を見たら、次の日、ほんとうに大金を拾ったとか、事故に遭う夢を見たので旅行を中止して助かったとか、夢で見たことが現実になるのだ。あるいは「予知能力」とかなんとかいうのかもしれない。昨夜のことだ。夢の中で工場を案内された。一度も行ったことのない工場で、おかしな夢もあるものだ、と思いながら仕事に向かった。今日は商談のために取引先を訪問したのだが、急遽、その会社の工場に案内されることになった。驚いたことに、そこは昨夜夢に見た工場とまったく同じだったのだ。

問い　これとは何を指しているか。

1　正夢

2　予知能力

3　事故に遭う夢

4　工場に行った夢

Ⅳ

「まだ着かないんでしょうか。」「いや、おかしいよ。もうこの先は行き止まりだから。」われわれは今夜泊まる温泉宿を探していた。昔訪れた秘湯(※1)を求めて、山道をもう1時間近くも歩いていた。「あれがそうだったのかなあ。」私は来た道を振り返って指さした。雑木林の向こうに近代的なビルがそびえ立っていた。30分ぐらい前に、おやこんなところに立派なホテルができて、この辺も変わったねえ、そう言い合って通り過ぎた地点だった。妻は笑った。「そうですね、きっと。20年も前のことですからねえ。」引き返してみると、はたして(※2)そうだった。

　まったくこれだから行き当たりばったりの(※3)旅はやめられない。

（※1）秘湯：secluded hot spring　秘汤　숨겨진 온천　　　　（※2）はたして：as was expected　果然　과연

（※3）行き当たりばったりの：haphazard　走一步是一步的　닥치는 대로

問い　あれとは何を指しているか。

1　昔訪れた秘湯

2　今夜泊まる温泉宿

3　近代的なビル

4　30分ぐらい前に通り過ぎた地点

<hr />

Ⅲ　5行目　おかしな夢もあるものだ
　this is a strange dream　还是会有奇怪的梦啊　이상한 꿈이구나
Ⅳ　8行目　まったくこれだから行き当たりばったりの旅はやめられない。
　That's why I can't stop going on unplanned trips.
　正因如此,漫无计划的旅行真是让我们欲罢不能。　정말 이래서 무계획적인 여행은 그만둘 수 없다.

p.38～p.39の答え：Ⅰ. **3**　　Ⅱ. **4**　　Ⅲ. **4**　　Ⅳ. **4**

いつ、だれ、何のこと？

まとめの問題

制限時間：20分
問題1：1問15点×2問
問題2：1問10点×7問
答えは p.49
部分翻訳や解説は別冊 p.3 ～ 4

点数

／100

問題1 次の（1）～（2）の文章を読んで、それぞれの問いに対する答えとして最も適当なものを
1・2・3・4から一つ選びなさい。

◀)) No.16

（1）

　他人という日本語は不思議な言葉である。それは文字通りには、他の人ということであるが、しかし実際に自分以外の他の人を意味するためには他者という新しい言葉がつくられていて、それとは違う特殊な意味合いが他人という言葉には含まれている。

(土居健郎『「甘え」の構造』弘文堂による)

1 それとは何のことか。

1 他人

2 新しい言葉

3 自分

4 他者

（2）

◀)) No.17

　ナイアシンは昔ニコチン酸とも呼ばれたことがあります。ニコチン酸といってもたばこのニコチンと直接関係があるわけではありません。ニコチンの分解物から見付けられた酸の一つなので、この名前が付けられました。ニコチン酸には、少し余分なものが付いてしかも同じ生理活性をもっているニコチン酸アミドという化合物があります。この二つを総称する時にナイアシンと呼んでいます。普通の時にはナイアシンでもニコチン酸でも同じだと考えてよいでしょう。

(五十嵐脩『ビタミン』丸善による)

2 この二つとは何のことか。

1 ナイアシンとニコチン酸

2 ニコチンとニコチン酸

3 ニコチン酸とニコチン酸アミド

4 ニコチン酸とアミド

問題2　次の（1）～（3）の文章を読んで、それぞれの問いに対する答えとして最も適当なものを
1・2・3・4から一つ選びなさい。

🔊 No.18

（1）

　この国は自然が味方してくれたからね。今でも国土の7割から8割が森林でしょう。何千年もその森の中で生きてきたから日本民族の遺伝子の中に、すっかり森林文化が定着した。私はこれが実は日本人の弱点と思うのです。

　森には動物がいるし、実もなる。飢えに苦しむこともなく穏やかに生きてこられた。ただ目の前にあるいばら（※1）を折ったり、手でかき分けたりして進んできた。器用にはなった。が、必然的に、いかに対応するかということだけが①自分の仕事になってしまった。目の前にある枝を上手に折る、道を作る。そんな仕事だけに明け暮れる HOW 文化がすべてになったんです。（中略）

　その致命的な（※2）欠陥は、遠くが見渡せないこと。木の葉や枝があるから遠い所を見渡す文化が育たなかった。

　欧米や中国の文化は砂漠文化です。そこではオアシスを見つけなければ生きられない過酷な（※3）状況で生き抜いてきた。必死に現状に耐えて遠くを見なければ死に至る。自分で方向を見定め、自分の足でそこにたどり着く。なぜこっちへ進むべきなのか、本当にこれでいいのか、命がけで自分に問いかけながら生きるのが砂漠の WHY 文化なんです。

　②そういう視点で日本民族を見ていると、政治でも経済でも、そして外交でも、目の前のことでどうしよう、どう対応しようということばっかり考える。なぜこうなったのかを考える遺伝子がない。それを自覚しないとね。

（中坊公平「仕事の現場に神宿る〈中坊公平が語る仕事・1〉」2003 年 3 月 30 日　朝日新聞社による）

（※1）いばら：触ると痛いトゲのある植物　　　（※2）致命的な：死に至るような、重大な
（※3）過酷な：厳しすぎる

3　①自分とはだれを指すか。

1　人間　　　　　　2　日本民族　　　3　森に住む人　　　4　筆者

4　②そういう視点とは、どういう視点か。

1　過酷な砂漠から生まれた WHY 文化の視点

2　器用な日本人を育てた HOW 文化の視点

3　WHY 文化であるか HOW 文化であるか、という視点

4　生物学的かつ遺伝子学的に文化を研究する視点

p.40～p.41の答え：Ⅰ. **2**　　　Ⅱ. **2**　　　Ⅲ. **4**　　　Ⅳ. **3**

　友達に、フランスパンをかじって、前歯を二本折ってしまった人がいる。彼はまず近所の薬局にいくつか入り、

「ここらへんで、どの歯医者さんがいちばんいいですかねえ」

と聞いて回ったそうである。その結果、

「あそこがいちばん。値段も安く、親切で良心的。技術もなかなか」

と、最も推薦の声の高かったところへ行ったという。

「バッチリ(※1)だったよ、この差し歯(※2)」と、歯を剥き出して(※3)見せ、

「いくらだったと思う？　2本で 1,640 円だよ」

得意気であった。

　なるほどそういう探し方は賢明かもしれないけれど、<u>疑り深い(※4)</u>私としては、あと半年たっても彼の差し歯に支障(※5)がなければ、その方法を取り入れることにしようと思っている。

（阿川佐和子『ときどき起きてうたた寝し』文藝春秋による）

（※1）バッチリ：欠点や不足がないようす
（※2）差し歯：人工的に作った歯
（※3）剥き出す：かくさずに表面に出す
（※4）疑り深い：疑う気持ちが強い
（※5）支障：問題点

5　疑り深いとあるが、筆者の気持ちはどれに近いか。

1　彼の近所の薬局は本当のことを言っているのだろうか。

2　彼が差し歯のために払った金額は本当なのだろうか。

3　彼の探し方で、本当にいい歯医者と出会えたのだろうか。

4　友人は本当に差し歯が必要だったのだろうか。

6　友人の差し歯を見て、筆者はどんなことを思ったか。

1　あまりよくできていないので、その歯医者を紹介してもらいたくない。

2　よくできているので、すぐその歯医者を紹介してもらいたい。

3　その歯に問題がなければ、半年以内に彼が行った歯医者に行こう。

4　半年間その歯に問題がなければ、彼の探した方法で歯医者を探してみよう。

🔊 No.20

第1週
第2週
第3週
第4週
第5週
第6週

（3）

　勘というものは、しょっちゅう経験していながら、どことなくつかみどころがなく、いまの科学ではまだその正体が、明らかにされていない。しかし、どうやら多分に生存と密着した、①その点では、本能に近いものであるような気がする。

　山では、ここを渡渉⁽※⁾すれば押し流されそうだとか、この斜面を横断すればなだれが出そうだとかいう心配にさきだって、水のざわめきや積雪のたたずまいに、なにか不快なものが感ぜられ、それで前進をひかえることがよくあるが、いつまでも勘にたよっていないで、②そんなときには、流速なり、積雪の密度なりを計って、危険の有無を客観的にたしかめたらよいではないか、というのは、山登りを知らないもののたわごとである。

　私は科学の価値を認めるうえでは、人後におちないつもりであるが、山登りもスポーツであるかぎり、それは、われわれの身体にそなわった、本来の能力を開発するという、スポーツ一般の目的に、そうものでなければならないとおもう。そうとすれば、われわれの祖先が、科学以前の何十万年かを、③それによって生きながらえてきた、この勘というありがたいものを、もっとたいせつにし、これを開発するよう心がけるべきではなかろうか。

（今西錦司『私の自然観』講談社による）

（※）渡渉：川などを渡ること

7　①そのが指す内容として最も適当なものはどれか。

　1　しょっちゅう経験している

　2　どことなくつかみどころがない

　3　正体が明らかにされていない

　4　多分に生存と密着している

8　②そんなときとは、どんなときか。

　1　勘がはたらかなくなってしまったとき

　2　なぜか不快でそれ以上進む気がしないとき

　3　行ったら死ぬということを予知したとき

　4　危険と知りつつ前進しているとき

9　③それは何を指しているか。

　1　山登り　　　　2　科学　　　　　3　勘　　　　4　経験

偽札を見つけたらどうする？

偽札を見つけたら、必ず警察に届けてください。銀行に持って行っても警察に届けるように言われるだけです。ただ、警察に持って行っても、すぐには本物と交換してくれず、色々と面倒な手続きがあります。謝礼金制度もありますが、まず警察に届けた人が本当の被害者であるかどうか確認をしなければならないので、そういうことにも時間がかかるようです。

そう聞くと、偽札とわかってもそのまま使った方が面倒なことにはならないと思いますよね。でも、それは罪になりますので、必ず警察に届けてください。偽札ということをまったく知らずに使用してしまった場合は、犯罪にはなりませんが、偽札だとわかっていて使用した場合は、その金額の3倍の罰金を払わなければいけない場合もあるそうですよ。

本物の偽札か？

☆現在、日本もキャッシュレス化になってきていますが、現金での流通がまだ一般的です。偽札を見つけると面倒ですね。自分の財布の中に偽札がないことを願いましょう。

What should you do if you find a counterfeit bill?

If you find a counterfeit bill, be sure to report it to the police. If you take it to the bank, they will just tell you to report it to the police. However, even if you take it to the police, they will not immediately replace it with a real one, and there are many complicated procedures. There is also a reward system, but they have to first verify that the person who reported the incident to the police is truly a victim, and that can take time as well.

When you hear that, you might think it would be less troublesome to simply use the bill, even though you known it is a counterfeit. But that is a crime, so be sure to report it to the police. It is not a crime if you use a counterfeit bill without any knowledge that it is a counterfeit, but if you use it knowing it is a counterfeit, you may have to pay a fine three times the amount.

☆ Japan is also currently becoming a cashless society, but cash is still the most common form of payment. Finding counterfeit bills is troublesome. Let's hope there are no counterfeit bills in your own wallet.

发现假钞该怎么办？

如果你发现了假钞，请务必交给警察。就算你把它交到银行，工作人员也只会让你把它交给警察。不过，即使你把它交给警察，他们也不会立马给你换成真钞，要经过各种麻烦的手续。虽然也有礼金制度，但因为首先必须确认把假钞交给警察的人是否是真正的受害者，这个过程据说也是相当费时的。

听到这你可能会想，那还是揣着明白装糊涂直接把假钞用掉省事对吧。但是，这种行为将构成犯罪。所以请务必把假钞交给警察。在完全不知情的情况下使用假币虽然不会构成犯罪，但如果是在明知是假币的情况下使用，则可能需要支付假币金额3倍的罚款。

☆虽然目前日本也在逐渐无现金化，但现金仍是最常见的流通形式。发现假钞真的会很麻烦对吧。希望我们自己的钱包里不会有假钞吧。

위조지폐를 발견했다면 어떻게 해야 할까？

위조지폐를 발견했다면 반드시 경찰에 신고해 주세요. 은행에 가져가도 경찰에 신고하라는 말만 들을 것입니다. 다만, 경찰에 가져가도 곧장 진짜 지폐와 교환해 주지는 않으며 여러 번거로운 절차를 밟아야 합니다. 사례금 제도도 마련되어 있지만, 먼저 경찰에 신고한 사람이 진짜 피해자인지를 확인해야 하므로 이와 같은 과정에도 시간이 걸린다고 합니다.

이런 이야기를 들으면 위조지폐라는 걸 알아도 그냥 쓰는 게 귀찮은 일을 만들지 않을 것이라는 생각이 들기 마련입니다. 그렇지만 그러한 행위는 범죄가 되므로 반드시 경찰에 신고해 주세요. 위조지폐라는 것을 전혀 모르고 사용했다면 범죄가 되지 않지만, 위조지폐라는 것을 알고도 사용했다면 해당 금액의 3배에 달하는 벌금을 내야하는 경우도 있다고 합니다.

☆현재 일본도 비현금화가 진행 중이기는 하지만, 아직은 현금 유통이 일반적입니다. 위조지폐가 발견된다면 귀찮아지겠죠. 내 지갑에 위조지폐가 없기를 바랍시다.

答えは文章の中にある！
ぶんしょう

1日目

答えは書いてある！

❀問いの語句を文中で見つけよう！

問 い
○○とは何か。
△△とは何のことか。
××はどんな場合に起こるか。

「○○」「△△」「××」などの言葉を文章の中で見つけましょう。

問題の文章
.........を○○という。.................
..........△△とは ...... のことである。......××は .... ときに起こる.............。

そんな言葉はどこにもないよ。

ないときは、同じような意味の言葉を探すんだ！

▶答えは p.51、解説は別冊 p.4

Ⅰ　得意な芸を「十八番」とか「おはこ」と言うが、この語源は歌舞伎にあるらしい。ある歌舞伎役者が自分の得意な芸『歌舞伎十八番』の台本を「箱」に入れて大事にしまっていたからだという。

問い　得意な芸のことを何と言うか。

1　「十八番」または「おはこ」　　　　2　『歌舞伎十八番』または「箱」

Ⅱ　アユの成魚はコケを食べるのでえさでは釣れない。そこで、友釣りという日本独自の方法が生まれた。生きたおとり（※）のアユを使っておびき寄せ、仕掛けておいた針で引っかける、というものだ。「友釣り」と書くと、アユがおとりを友達だと思って近づいてくるかのようにも思えるが、自分の縄張を荒らす者を追い払おうと近づいてくるのである。

（※）おとり：decoy　誘餌　미끼

問い　「友釣り」とは、どういう釣り方か。

1　アユがおとりを友達だと思って近づいてきたところをコケのえさで釣る方法

2　縄張を荒らす者を追い払おうと近づいたアユを針で引っかける方法

- -

Ⅰ　1〜3行目　ある歌舞伎役者が……しまっていたからだという。
It is said that a Kabuki actor used to store the script of his most popular performance "Kabuki No.18" in his box.
据说其来源是，某位歌舞伎演员将自己的拿手戏《歌舞伎十八番》的剧本放在"箱"中精心保存的故事。
어떤 가부키（歌舞伎）배우가 가장 자신있는 연기인『歌舞伎十八番』의 대본을「상자」에 넣어 소중히 간직했다는 것에서 유래했다고 한다.

Ⅱ　2〜3行目　生きたおとりのアユを使っておびき寄せ、仕掛けておいた針でひっかける
they lure ayu (river fish) by placing a live ayu on a fish hook　用活的香鱼作诱饵吸引其他香鱼接近，以便使用设好的鱼钩捕获
살아 있는 은어를 미끼로 던져서 물고기를 꾀어내서, 미리 준비해 둔 낚싯바늘에 걸리게 한다

Ⅱ　4行目　自分の縄張りを荒らす者を追い払おうと近づいてくるのである
they come closer to chase away fish which invade their territory　是为了赶走侵入自己地盘的香鱼而接近过来的
자신의 영역을 침범하는 물고기를 쫓아 내려고 다가오는 것이다

Ⅲ

ゴロ寝ということばがある。そこから来たテレ寝という新語もある。要するに、サラリーマンが日曜日に、畳の上にごろりと寝そべり、片ひじついてテレビなど見ている図である。金のない日本人の平均的安楽の図、といえよう。この場合も、仰向いていては天井が見えるだけで、やはりテレ寝にはなるまい。テレビ視聴という最低限の対社会的姿勢のためには、せめて片ひじつくくらいの努力は要るのである。

(多田道太郎『しぐさの日本文化』角川書店による)

問い 「ゴロ寝」とは何か。

1 テレ寝の新語
2 サラリーマンが日曜日にすること
3 ごろりと寝そべること
4 片ひじをつくこと

Ⅳ

駿河湾や富山湾のように、海底の地形がけわしくて、深海が海岸にせまっている海では、深海魚が岸近く、しかも海面近くでとれる。少なくとも、一年のうちのある季節には、海の底から湧いてくるみたいに、毎晩のように、深海魚の群れが海の表面に上がってくる。

深海魚というのは、一般には「海の深いところに棲んでいる魚」だと思われている。それも間違いではないが、少し言葉が足りない。あるいは、少し誤解されている。「深い海に棲む魚」を深海魚というのであって、棲んでいる深さ範囲はさまざま、と考えた方が正しい。

(鈴木克美『魚は夢を見ているか』丸善による)

問い 筆者の考えでは、「深海魚」とはどういう魚のことか。

1 深い海に棲む魚
2 海の深いところに棲んでいる魚
3 海のさまざまな範囲の深さに棲む魚
4 海底の地形のけわしい海に棲んでいる魚

Ⅲ 1〜3行目 サラリーマンが日曜日に、……図である。
it is a description of a businessman lying down on tatami resting his head on one elbow and watching TV
星期天工薪族横躺在榻榻米上，用胳膊肘支着头看电视的情景
샐러리맨이 일요일에, 다다미 위에 벌렁 엎드려, 턱을 괴고 텔레비전을 보고 있는 모양새이다

Ⅳ 6〜8行目 「深い海に棲む魚」を……と考えた方が正しい。
It is correct to think that deep-sea fish are 'fish living in the deep sea' and to realize that the depths at which they live vary.
"栖息在深海的鱼"叫深海鱼，我们应该知道它们栖息的深度及范围各有不同。
「깊은 바다에 서식하는 물고기」를 심해어라고 할 뿐이고, 서식하고 있는 깊이는 종류에 따라 다르다고 생각하는 것이 타당하다.

まとめの問題 (p.42〜p.45) の答え：
問題1 ①4 ②3 問題2 ③2 ④1 ⑤3 ⑥4 ⑦4 ⑧2 ⑨3

2日目

結論を探せ！
けつろん　さが

✿結論だけ読めば答えられる！

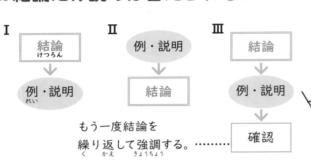

I
結論
けつろん
↓
例・説明
れい

II
例・説明
↓
結論

もう一度結論を
繰り返して強調する。………
く　かえ　きょうちょう

III
結論
↓
例・説明
↓
確認

三つのパターンがあります。
IIとIIIの場合、結論の前に「要するに」
けつろん
「つまり」「結局」などの言葉がよく
よう
けっきょく　ことば
使われます。

結論が書いてある場所が
わかっても、書いてある内容が
ないよう
わかんないんだよね……

▶答えは p.53、解説は別冊 p.4
かいせつ　べっさつ

I 　雨が降れば創作に没頭していたし、晴れれば自転車でどこまでも気の向くまま出かけ
ふ　そうさく　ぼっとう　は　む
ていった。要するに、予定というものとは無縁の生活だったのだ。
よう　よてい　むえん　せいかつ

問い　筆者はどんな生活をしていたか。
ひっしゃ　せいかつ

　1　時間に追われる生活　　　　　　　2　自由気ままな生活
お　じゆう

II 　「いい人」の定義は一様ではない。「おとなしいいい人」が人を殺し、「いい人なんだ
ていぎ　いちよう　ころ
けど」と交際相手にふられたりする。いい人とひと言で言っても、人当たりのよい無責
こうさいあいて　こと　ひとあ　むせき
任な人もいればまじめな被害妄想（※）家もいる。
にん　ひがいもうそう　か

（※）被害妄想：persecution complex　被迫害妄想症　피해망상
ひがいもうそう

問い　筆者の言いたいことはどういうことか。
ひっしゃ

　1　「いい人」の定義は難しい。
ていぎ　むずか

　2　「いい人」は本当はいい人ではない。
ほんとう

　3　「いい人」とは二面性を持つ人のことだ。
にめんせい

I 　2行目　予定というものとは無縁の生活
　my life was free and without schedules　与计划这个词无缘的生活　예정이라는 것과는 관계없는 생활
II 　2〜3行目　人当たりのよい無責任な人もいればまじめな被害妄想家もいる
　there are charming but irresponsible people, and honest but paranoid people.
　有接人待物亲切得体却没有责任感的人，也有认真老实却有被害妄想的人
　대인 관계가 좋은 무책임한 사람도 있는가 하면, 고지식한 피해 망상가도 있다

Ⅲ

A 多くの人がこの作品に共感を覚えるのは、人間の普遍性（※1）を見事に描写して（※2）いるからであろう。

B この主人公のように殺人を犯すという行為については、だれもが自分にはありえないことだと思う。

C しかし、その行為に至った彼女の嫉妬について、それが理解できるだけではなく、実際に同じような気持ちを抱いたことがあるという人は多いだろう。

（※1）普遍性：universality　普遍性　보편성　　　　（※2）描写する：describe　描写　묘사하다

問い この文章の結論はどの部分か。

　1　A　　　　　2　B　　　　　3　C

Ⅳ

896735442018728301

このような数字の羅列（※1）を一瞬で覚え、しかも一生それを記憶していられる人がいる。また、学習したことのない外国語で書かれた詩を読むことができ、時間がたってからも、その詩を暗唱（※2）できるという女性もいる。彼女が言うには、心の中でそのページが見えるらしい。その証拠に、彼女はその詩を後ろから、つまり、最後の文字から逆に読むことさえできるという。

信じられないような話だが、5,000人に1人の割合でこのような人がいるという。彼らは物を見てそれを永久に覚えていられる、いわゆる写真のような記憶力を持っているのである。驚くばかりである。

（※1）羅列：enumeration　罗列　나열　　　　（※2）暗唱：reciting from memory　背诵　암송

問い この文章でいちばん言いたいことはどういうことか。

　1　永久に覚えているということが、記憶力がいいということである。

　2　見たものを瞬間に記憶できる能力は信じられない。

　3　数字や詩を記憶できる人は5,000人に1人の割合でいる。

　4　世の中には特別な記憶力をもつ人がいて驚かされる。

Ⅳ　5～6行目　その証拠に、……読むことさえできるという。
To prove it, she can recite the poem from the end, that is to say, even backwards from the last letter.
证据是她甚至还能够将那首诗从最后一个字倒着读出来。
그 증거로 그녀는 그 시를 뒤쪽부터, 즉, 가장 끝 문자부터 거꾸로 읽을 수도 있다고 한다.

p.48～p.49の答え：Ⅰ.1　　Ⅱ.2　　Ⅲ.3　　Ⅳ.1

何を言いたいの？①

✿ここではどういう意味かを考えよう！

下線部に選んだ答えを入れて読んでみて、話が通じるかどうか確かめてみよう。

Q.下線部はどのような意味か。

世界は無限に広がっています。
窓を閉ざしてはいけません。

家の窓を開けろ、っていう意味だよね。

まったく、何もわかってないのね。

▶答えは p.55、解説は別冊 p.4

I 　一つの側面にとらわれずに（※）、多方面から眺めて初めて、物事の全体がわかるものである。

（※）とらわれずに：unbounded　不受拘束地　사로잡히지 않고

問い　この文と近い意味を表す文はどれか。

1　一つの側面からでも全体がわかるときがある。

2　物事はいろいろな方向から見ないと全体はわからない。

II 　物理的な時間（※）はもちろん一定であるが、人間が感じる時間は一定ではない。一瞬の出来事が永遠のものとなったり、長い期間であっても「あっ」という間の出来事になったりするのである。

（※）物理的な時間：physical time　物理意义上的时间　물리적인 시간

問い　一瞬の出来事が永遠のものとなったりとあるが、どのような意味か。

1　短い出来事でも、その後ずっと忘れないことであったり

2　出来事が短く感じられても、実は永久に続いて起こる出来事であったり

I 　1～2行目　一つの側面にとらわれずに、多方面から眺めて初めて、物事の全体がわかるものである。
You can understand the entire picture only when you look at something from not one, but all, sides.
不要局限于某一个侧面，要从多方面观察，才能了解事物的整体。
어느 측면의 시점에 얽매이지 않고, 다방면으로 바라봄으로서 처음으로, 사물의 전체를 알 수 있게 되는 것이다.

II 　1行目　物理的な時間はもちろん一定であるが、人間が感じる時間は一定ではない。
Physical time is fixed but the human perceptions of time vary.
物理上的时间当然是固定的，但人类感受到的时间却不是固定的。　물리적인 시간은 물론 일정하지만, 인간이 느끼는 시간은 일정하지 않다.

第1週

第2週

第3週

第4週

第5週

第6週

III ホスピスとは、癌やエイズ患者の症状のコントロールやケア(※1)を主体とするが、延命措置(※2)や苦痛を伴う治療を行わず、患者が最期の時を迎えるまで少しでも快適に生きられるように、痛みを取り除く治療のみを行い、その結果として安らかで自然な死を迎えられることを目的とした施設である。

(※1) ケア:care　关怀　케어　　　　　　(※2) 延命措置:life-support measures　延命治疗　연명 조치

問い　安らかで自然な死とは、ここではどういう死か。

　　1　たとえ苦しくてもできるかぎりの治療をした上での死

　　2　周りの人が安心するような治療をした上での死

　　3　治療は全く行わず、自然に任せた死

　　4　延命治療などは行わず、苦痛のない穏やかな死

IV 近年、不登校の生徒が増えているそうだ。病気以外で年間30日以上欠席した生徒は、中学生で100人に2、3人いるらしい。学校に行きたくないと思っている生徒、つまり潜在不登校児はその10倍もいるという。ところが、不登校児について真剣に対応している教師は、現場ではまだまだ少ない。教育学者や心理学者も具体的な解決策を明示するに至っていない。しかし、彼らにとって本当に必要なのは、親の意識の改革だという。過度の期待をやめ、束縛(※)から解いてやると、彼らは自然と学校に戻っていくのである。

(※) 束縛:binding　束缚　속박

問い　親の意識の改革とは、ここではどのような意味か。

　　1　教育学者や心理学者に早く解決策を示してもらうよう働きかけること

　　2　子どもに対して期待しすぎず、縛りつけないようにすること

　　3　現場の教師にもっと強く対策を促すこと

　　4　子どもに対してもっと厳しくすること

III　2～3行目　患者が最期の時を迎えるまで少しでも快適に生きられるように
in order for the patients to comfortably spend the last moments of their lives
让患者在临终之前尽量能够过得舒适一些　환자가 최후의 때를 맞이할 때까지 조금이나마 쾌적하게 있을 수 있도록
IV　6～7行目　過度の期待をやめ、束縛から解いてやると、彼らは自然と学校に戻っていくのである。
They will eventually return to school if you relieve them from excessive expectations and restraints.
不要过度的期待，给他们解开束缚，他们就会自然地回到学校。　지나친 기대를 하지 말고, 속박을 풀어주면, 아이들은 자연스럽게 학교생활로 돌아간다.

p.50～p.51の答え：I. 2　　　II. 1　　　III. 1　　　IV. 4

何を言いたいの？②

✿たとえは言いたいことの説明

◆ ○○は〈たとえ〉
- に似ている。
- のようなものだ。
- みたいだ。
- に対応する。

◆ 〈たとえ〉は…です。
　　　　　これは○○
- にも当てはまる。
- にも言える。
- も同じだ。

たとえを使った説明にはこのような表現が使われます。

ぼくの気持ちは今日の天気みたいだ……

▶答えは p.57、解説は別冊 p.4

I

人生は一箱のマッチに似ている。重大に扱うのはばかばかしい。重大に扱わなければ危険である。

(芥川龍之介『侏儒の言葉』による)

問い　筆者の言いたいことはどちらか。

1　人生は大したものではないが、軽く見るととんでもないことになる。

2　マッチは人生と同じように危険なので、取り扱いに注意すべきだ。

II

最近、異常に汗をかいたり、動悸(※1)がすることがよくある。近くのクリニックでの問診や血液検査などの結果から、アルコール依存症(※2)と診断された。アルコール依存症の治療の最終的な目標は酒をやめることだそうだ。確かに私は、酒を毎日飲んでいるが、適量だと思っている。飲んだ後はよく寝ることができ、朝もすっきり起きている。私にとっての酒は、仕事での疲れが取れる栄養ドリンクのようなものだ。とりあえず、医者の言うことを聞いてみようか。自信はないが。

（※1）動悸：palpitation　悸动　두근거림
（※2）アルコール依存症：Alcohol dependency　酒精依赖症　알코올 의존증

問い　この文章で筆者が言いたいことはどれか。

1　栄養ドリンクがやめることができないように、アルコールはやめられないだろう。

2　体の不調はアルコールのせいだと思わないが、やめてみようと思っている。

Ⅲ

コンピュータには記憶というものがある。記憶は、RAMというLSI(※)に記憶されており、電源を切ると忘れてしまう。人間が死ぬと、記憶も消滅してしまうことに対応するだろう。コンピュータの記憶を維持するには、つねに電気をいれておく必要がある。これは人間が食物をとって生きていることに対応している。またディスクという磁気記憶装置があり、これに記録されたことは電源を落としても、忘れられない。これなどは、人間の書く本にたとえることができるであろう。

(松田卓也・二間瀬敏史『時間の本質をさぐる』講談社による)

（※）LSI：Large Scale Integration　大規模集成电路　대규모 집적 회로

問い　この文章の内容と合うのはどちらか。

1　人間は死ぬと何も残らないが、コンピュータは記憶を保存できる。
2　コンピュータも人間と似たようなやり方で記憶を維持したり残したりしている。

Ⅳ

あるべき「夫」の基準に合わせて現実の夫にマルバツをつけるなどという姿勢は、男女の実態、人間の始末におえなさ(※1)とは、相当な距離があって、関係をこわす作用を及ぼすというように思います。分析したり検証することで夫を捉えるなんてバカなことでね。批評しよう欠点を見つけようと思って映画を見ると、大抵の映画はしらけて(※2)気に食わなく(※3)なるけれど、入れこんで(※4)見ていると、フィクションの世界に酔うこともでき、その映画のよさが見えてくる、というようなことがあるでしょう。それが、人間の関係だったら、もっとそうだろうと僕は思うんです。（　　　　）

(山田太一『街で話した言葉』筑摩書房による)

（※1）始末におえない：unmanageable　不好处理　어찌할 수 없다
（※2）しらける：be dampened　发白　퇴색하다
（※3）気に食わない：sticking in one's throat　不满　마음에 들지 않다
（※4）入れこむ：be enthusiastic　加入　들여놓다

問い　（　　　　）には、ある文が続く。それはどれか、全文を読んで考えなさい。

1　映画は見る側の意識で、おもしろくもつまらなくもなるってことだ。
2　こっちが好意を持つと向こうも心を開く、ということもある。
3　だから、結婚なんてしないほうがいい、そう言いたくなる。

Ⅳ　1～3行目　あるべき「夫」の基準に合わせて……というように思います。
If you try to judge your husband by comparing him to an "ideal husband", you may end up ruining the relationship because ideal human beings are so unlike actual men and women.
依照理想的"丈夫"标准，评价现中丈夫的好坏，这种做法与世间男女的实际情况和人类的无奈之间，还有相当的距离，我觉得这反而会对夫妻关系带来破坏的作用。
남녀의 실태·인간의 어쩔 수 없는 상황과는 상당한 거리감이 있는 것이니까，바람직한「남편」의 기준에 현실의 남편을 대조해서 좋다 나쁘다를 판단하는 자세는 관계를 깨뜨리게 된다고 생각합니다.

p.52～p.53の答え：Ⅰ.2　　Ⅱ.1　　Ⅲ.4　　Ⅳ.2

文の骨組み
(ほねぐ)

✿ 着飾った文は裸にしてしまおう！
(きかざ)　　　　　(はだか)

帽子をかぶって
(ぼうし)
コートを着て
マフラーを首に巻いて
(ま)
ブーツを履いた人が
(は)
手を振って
(ふ)
こちらに歩いて来ました。

↓

人が来ました。

長くて複雑に見える文も、
(ふくざつ)
裸にして骨組みから読めば
(はだか)　(ほねぐ)
難しくありません。
(むずか)

▶答えは p.59、解説は別冊 p.4
　　　　　(かいせつ)　(べっさつ)

Ⅰ
　　幼かった私にとって、祖父母の店で雇っていたというその男の人の記憶は、私を抱き
　　(おさな)　　　　　(そふぼ)　　(やと)　　　　　　　　　　　　　(きおく)　　　　(だ)
上げて弁当の卵焼きを食べさせては「おいしいか」と尋ねる温かな太い声だけである。
　　(べんとう)(たまごや)　　　　　　　　　　　　　　　(たず)

問い　この文の内容と合うのはどちらか。
　　　　　　　(ないよう)

1　祖父は自分の店で私を抱いて、よく卵焼きを食べさせてくれた。
　　(そふ)　　　　　(だ)　　　　(たまごや)

2　私は幼かったので、その男の人のことをはっきりとは思い出せない。
　　　(おさな)

Ⅱ
　　いくらりっぱな家に住めても人間関係で苦労するのはたまらないと、わざわざ小さい
　　　　　　　　　　　　　(かんけい)(くろう)
家に引っ越してきて、やはりよかったと思えることは、何よりご近所(※1)がいいという
　　(こ)　　　　　　　　　　　　　　　　　　　　　　　(きんじょ)
ことで、今のところ不満といえば、家の前の決して広くない道を、やれガスだのやれ水
　　　　　　　(ふまん)　　　　　　　　　(けっ)
道だの(※2)としょっちゅう掘り返されていることくらいである。
　　　　　　　　　　　(ほ)(かえ)

（※1）ご近所：neighborhood　邻居们　이웃들
　　　　(きんじょ)
（※2）やれAだのやれBだの：A and B, and so on　A啦、B啦　A라거나 B라면서

問い　筆者は引っ越してきたことをどう思っているか。
　　　(ひっしゃ)(こ)

1　近所の人たちがいい人たちなので、よかったと思っている。
　　(きんじょ)

2　工事ばかりあるので、引っ越してきたことを不満に思っている。
　　　　　　　　　　　(こ)　　　　(ふまん)

Ⅱ　3～4行目　今のところ不満といえば、……くらいである。
　　the only complaint I have is that they keep digging up the narrow road in front of our house saying they need gas lines, water lines, etc.
　　如果说现在的不满之处，就是房前不太宽的道路，因煤气管道或是上下水道的施工而经常挖来挖去
　　현재의 불만이라고 말하자면, 집 앞의 넓지도 않은 길을 가스다 수도다 하면서 번번이 파헤치고 있는 것 정도이다

III

　めずらしいものが降った。旧冬(※1)十一月からことしの正月末へかけて、こんな冬季の乾燥が続きに続いたら、今に飲料水にも事欠く(※2)であろうと言われ、雨一滴来ない庭の土は灰の塊のごとく(※3)、草木もほとほと枯れ死ぬかと思われた後だけに、この雪はめずらしい。長く待ち受けたものが漸くのことで(※4)町を埋めにやって来てくれたという気もする。この雪が来た晩の静かさ、戸の外はひっそりとして音一つしなかった。あれは降り積もるものに潜む静かさで、ただの静かさでもなかった。いきぐるしいほど乾き切ったこの町中へ生気をそそぎ入れるような静かさであった。

（島崎藤村『雪の障子』による）

（※1）旧冬：last winter　　旧冬　작년 겨울
（※2）事欠く：lack　　缺乏　부족하다
（※3）〜のごとく：as if〜　　像〜似的　〜 같이
（※4）漸くのことで：at last　　终于　가까스로

問い　めずらしいもの、とは何のことか。

　　1　雨　　　　　2　灰の塊　　　　3　雪　　　　4　静かさ

IV

　痛みを伴う慢性疾患(※1)は高齢者に多い。このため鎮痛剤の使用も多くなる。使用期間も長くなる。腎機能、肝機能が衰えていることに留意して(※2)、なるべく少なく、副作用の少ないものを選び、時々は血液の検査を行なって、副作用をチェックしていくことなどが医学の常識となっている。患者自身も間違えて一度にたくさん飲んだり、痛みが軽減した後にも飲み続けることなどないよう、簡単な注意を守ることが大切である。

（野口實・岡島重孝『おもしろくてためになる クスリの雑学事典』日本実業出版社による）

（※1）慢性疾患：chronic malady　　慢性病　만성질환
　　　　慢性⇔急性
（※2）留意する：keep in mind　　留心　유의하다

問い　何についての注意点が書いてあるか。

　　1　高齢者の慢性疾患
　　2　鎮痛剤の使用
　　3　血液の検査
　　4　副作用のチェック

III　6〜7行目　あれは降り積もるものに……静かさであった。
That was the quiet that lurks in a downpour, and it wasn't just any quiet. It was a quietness that seemed to pour life into this town that had become so dry that it was almost suffocating.
那是匿于积雪中的安静，且并非一般的安静。那是一种，仿佛给这已经干涸到行将窒息的小镇带来了生机一般的安静。
그것은 내려 쌓인 눈에 숨어 있는 고요함이었으며, 그저 단순한 고요함도 아니었다. 숨 막힐 정도로 메말라버린 이 동네에 생기를 불어넣는 듯한 고요함이었다.

p.54〜p.55の答え：I.1　　II.2　　III.2　　IV.2

答えは文章の中にある！

🔊 No.26

省略
しょうりゃく

✿省略された言葉を見つけよう！
　　　こと　ば

◆ 田中さんが選手に選ばれたそうです。なぜ田中さんなのでしょうか。
　たなか　　せんしゅ　えら
　　　　　　　　　　　→「選手に選ばれた」が
　　　　　　　　　　　　省略されている
　　　　　　　　　　　　しょうりゃく

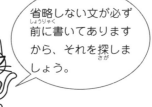

省略しない文が必ず
しょうりゃく
前に書いてあります
から、それを探しま
　　　　　　さが
しょう。

◆ 昨日は文法を勉強しました。今日は読解です。
　きのう　ぶんぽう　　　　　　　　　どっかい
　　　　　　　　　　　→「勉強します」が省略さ
　　　　　　　　　　　　れている

ぼくの好きな子は
この子だ。
彼はあの子らしい。
かれ

▶答えは p.61、解説は別冊 p.5
　　　　　　かいせつ　べっさつ

I　　今、モノクロ写真がはやっているという。なぜモノクロなのか。

問い　なぜモノクロなのかとはどういう意味か。

1　なぜ、モノクロ写真がはやっているのか

2　なぜ、モノクロ写真は人気がなくなったのか

II　　上から何かをするように言われて、いつまでに、どうやってなどと質問することは
あっても、どうして、と質問する大人は少ない。子どもは真っ先に「どうして」なのに。
　　　　　　　　　　　　　　　　　　　　　　　　　　　　　　ま

問い　「どうして」なのにとはどういう意味か。

1　どうして大人は質問しないのかと聞くのに

2　どうしてそれをしなければいけないのかと質問するのに

3　どうしてそれをする必要があるのかと思うのに
　　　　　　　　　　　ひつよう

III

おしゃれに敏感で個性的でありたい、自己表現としてのファッション、などと豪語(※1)しているタレントさんの着ているものが、ファッション雑誌を完ぺきにまねているものだったり、スタイリストに着せられたという感じのぎこちなさ(※2)が見えることは珍しくない。自分のものになっていないのだ。まるで着せ替え人形である。<u>個性が聞いてあきれる</u>。自己表現とは自分というものがあって初めて可能なのだ。

（※1）豪語：boast 说豪言壮语 호언하다　　　（※2）ぎこちなさ：awkwardness 笨拙 어색함

問い　<u>個性が聞いてあきれる</u>とはどういう意味か。

1　おしゃれやファッションに敏感なタレントさんの個性的な自己表現を聞くとあきれる。

2　ファッションが自分のものになっていない人が「個性的でありたい」などと言うことにあきれる。

IV

来年度より、交換留学制度が廃止されるらしい。市内に住む高校生15名を3ヵ月間、オーストリアに留学させ、またオーストリアの高校生を日本に受け入れるという20年前に始まったこの制度は、この市の特色でもあった。<u>なぜなのか</u>。確かに費用は全部、市の負担であったが、それを削減したところで市の財政難にそれほどの効果があるとは思えない。それどころか、市の特色がなくなるというダメージ(※1)のほうが大きいのではないだろうか。さまざまな部門で経費を節約しなければならないことはわかる。それならそれで、費用の一部を個人負担にすればいいではないか。この交換留学がきっかけで高校生の文化交流、とくに音楽交流が盛んになりほかの市に比べて本場のクラシック(※2)を聴く機会が増えたのに、これも少なくなるのだろうか。

（※1）ダメージ：damage 损失 대미지　　　（※2）クラシック：classical music 古典音乐 클래식 음악

問い　<u>なぜなのか</u>とは、別の表現で言うと、この場合、次のどれに近いか。

1　なぜこの制度があったのか　　　2　なぜ廃止しなくてはならないのか

3　なぜ市の特色にならないのか　　　4　なぜ費用の一部を個人負担にしないのか

III　5行目　自己表現とは自分というものがあって初めて可能なのだ。
Self-expression is only possible when you have your own ideas. You can't talk about "expression" if you have none.
自我表现首先要有自我可能。没有自我的人根本谈不上什么表现。
자기표현이라는 것은 자기 자신이라는 것이 있어야 처음으로 가능한 것이다. 자기 자신이 없는 사람이 표현이고 뭐고 있을 수 없다.

IV　4～5行目　それを削減したところで市の財政難にそれほどの効果があるとは思えない
even if it were cut, it wouldn't have much effect on the city's financial difficulties
我认为削减这些经费对解决市里财政困难没有多大效果
그것을 삭감했다고 해서 시(市)의 재정난에 그렇게 효과가 있을 것이라고 생각되지 않는다

p.56～p.57の答え：I.2　　II.1　　III.3　　IV.2

答えは文章の中にある！

まとめの問題

制限時間：15分
1問20点×5問

答えは p.67

部分翻訳や解説は別冊 p.5

点数

／100

問題 次の（1）から（4）の文章を読んで、それぞれの問いに対する答えとして最も適当なもの
を1・2・3・4から一つ選びなさい。

🔊 No.27

（1）

　油を塗った布に水を一滴(※1)たらす(※2)と、水は玉になって布の上にのっかります(※3)。液体
には、なるべく表面積を小さくしようとする表面張力があるからです。

　ところが、これに洗剤をたらすと、玉が崩れて布の表面がぬれてしまいます。このように、
表面張力をなくす働きをするものを界面活性剤というのです。

　洗濯するためには、まず洗うものをよくぬらして、繊維のすみずみ(※4)まで洗剤をしみこませ
なくてはなりません。そのとき、洗剤の界面活性力が必要とされるわけです。

（竹内均『頭にやさしい雑学読本　ちょっと意外ないい話』同文書院による）

（※1）一滴：液体のひとしずく
（※2）たらす：液体などを落とす
（※3）のっかる：乗る
（※4）すみずみ：すみからすみまで全部

1 ここで言う「界面活性剤」とは何か。

1　表面積を小さくしようとする表面張力のこと

2　繊維をよくぬらすために使われる洗剤のこと

3　液体の表面積を小さくしようとする力をなくすもの

4　油を水と同じような性質に変える働きをするもの

（2）

　情報化社会という言葉をきく機会が増え、非常にむずかしい議論がかわされているのに、<u>ずいぶん低い次元のところで、およそ情報化とはマッチしないような現象が眼につく</u>。元来、情報量が増えるにつれて大切になってくるのは、必要な情報を正確に早く相手に伝えるということである。こんなことは、別にこむずかしい話(※)をしないでもわかりきっている。

　にもかかわらず、私たちは日常の生活で、何かがあい・ま・い・な・ために不愉快な思いをしたり、苦労させられたりすることが多い。

　情報量が増えるから、確率的にいっても、そういうことが生じるのはしかたがないという言い訳はおかしい。あいまいさをなくす努力をしないで、情報化などというのはナンセンスだからである。

（菊池誠『学び心、遊び心』三笠書房による）

（※）こむずかしい話：なんとなく面倒な話

---

2 下線の部分はどういう意味か。全文を読んで考えなさい。

1　情報化とは高度な社会体系であるのに、つまらない情報があふれすぎている。

2　ちょっと努力をすれば情報が正確に早く伝わるのに、あいまいな情報が多い。

3　庶民の日常生活の中では、情報化とは反対のあいまいさが必要になってくる。

4　今のような進んだ情報化社会では、当然情報の正確さの確率が低くなっている。

---

p.58～p.59の答え：Ⅰ.1　　　Ⅱ.2　　　Ⅲ.2　　　Ⅳ.2

(3)

肩関節周囲炎の痛みに苦しんでいる。(中略)痛みは引いたり増したりを繰り返して、ここ数週間は睡眠もままならない(※1)ほどになってしまった。

自分は痛みに強い人間だと思っていた。短期的な辛さや、「痛み」と表現される多少の苦労ならば、乗り越えられる自負(※2)があった。けれども、身体的な痛みの継続がこれほどまでに精神的な力を奪うとは思わなかった。明日になれば症状が少し軽くなるかもしれないという楽観的な展望を、毎日の痛みに繰り返し否定されているようで、ひどく落ち込んでしまう。

個人的な痛みは他者と共有するのが難しいということも、悩みのひとつだ。日替わりの症状を言語化して理解してもらうのは、相手が医師であっても難しい。外傷の見当たらない関節の痛みは、自分にとって現実そのものだけれど、他者からすれば本当かどうかわからず、想像力で受け止める以外に方法がない。痛みの存在を誰にも信じてもらえないなら、僕は絶望してしまうだろう。

身体だけでなく、何かしらの「痛み」を継続的に抱えている人たちのことをふと考えた。他者の痛みは想像する以外にないことを、忘れないようにしたい。

(後藤正文「「痛み」共有できないからこそ〈後藤正文の朝からロック〉」2023年7月26日　朝日新聞社による)

(※1)ままならない：思うようにならない
(※2)自負：自信があり、それを誇りに思う

3 筆者が最も言いたいことは何か。

1　自分は痛みに強く、「痛み」と表現される多少の苦労ならば乗り越えられるだろう。

2　日々変わる症状を言語化して理解してもらうのは、相手が医者でなければ難しい。

3　睡眠もままならぬ身体的な痛みの継続は、想像以上に精神的な力を奪うものだ。

4　身体に限らず、他者の「痛み」は共有するのが難しいが、想像することが重要だ。

（4）

　自分の作品に対する、作家の思いというのは、人それぞれだろう。僕の場合は、映画、テレビ、舞台にかかわらず、携わった作品はどれもお腹を痛めたわが子のように愛しい。愛しいけれど、それは同時に出来の悪い子供たちでもある。いつだって理想とするものにはほど遠く、作っている間は完璧を目指してはいるが、一度手を離れてしまえば粗ばかり目に付き、そんなものを世に送り出してしまった自分の不甲斐なさに落ち込む。

　巣立って行った出来の悪い子供たちと再会することは滅多にない。台本を読み返すことなどまずないし、自分の映画もよっぽどのことがない限り、見返さない。

　たまにレンタルビデオ屋で、僕の書いたドラマが貸し出し中になっているのを見かけると、「あいつも頑張ってるな」とほんのちょっと心が温かくなるが、まあ、そのくらいの付き合いである。

　そんな不肖の息子(※)たちの中、とっくに自立したはずなのに、何かというと理由をつけて帰ってくる、なかなか親元から離れられない子供が一人だけいる。

　「笑の大学」は、僕にとってまさに、そんな特別な「息子」だ。

（三谷幸喜『三谷幸喜のありふれた生活４　冷や汗の向こう側』朝日新聞社による）

（※）不肖の息子：未熟な子供

[4]　筆者は自分の作品についてどう思っているか。<u>違っている</u>ものはどれか。

1　愛情を持っているが、執着はない。

2　いつでも完璧を目指して作っている。

3　人気のある様子が伺えるとうれしい。

4　欠点ばかりが目について愛情を持てない。

[5]　「笑の大学」はどんな作品だと考えられるか。

1　ずっと前に書いたが、映画化や舞台化のために何度も見返している作品

2　今までに手掛けた数多くの作品の中で、唯一出来の悪い作品

3　レンタルビデオ屋でよく貸し出し中になっている人気の高い作品

4　何度も台本を書き直して、ようやく映画化が実現した作品

猫（ねこ）にドッグフードをやってもいい？

　同じ動物用のえさですから、ドッグフードを猫に与（あた）えてもかまわないように思うかもしれませんが、ダメです。たまになら問題ありませんが、続（つづ）けて与えては絶対（ぜったい）にいけません。なぜでしょう？

　犬用のえさであるドッグフードには猫に必要な成分（せいぶん）がきちんと入っていないのです。中でもタウリンという物質（ぶっしつ）は、犬は体内（たいない）で合成できるのですが、猫はできません。ドッグフードにはこのタウリンが入っていないため、与え続けると目が見えなくなったり、心臓（しんぞう）が悪くなったりと深刻（しんこく）な病気を引（ひ）き起（お）こしてしまいます。猫にはちゃんとキャットフードを与えましょう。

　では、犬にキャットフードを与えてもいいのでしょうか。これは数日（すうじつ）だけならかまいません。ただし、キャットフードは犬にとって塩分（えんぶん）や栄養分（えいようぶん）が多すぎるので、与え続けるのはやはりよくありません。

あっちのほうがおいしそう……

☆犬にキャットフードをやっているとドッグフードを食べなくなるそうです。ということは、ドッグフードよりキャットフードのほうがおいしいということでしょうか。

Can we feed dog food to a cat?
You might think it is OK to give dog food to a cat since they are both foods for pets. But you are wrong. You could give it to them once in a while but you should not continue to do so. Why?
Dog food, which is made for dogs, does not contain the necessary nutrients for cats. Dogs, for example, produce taurine themselves but cat can't. Since it is not contained in dog food, cats may lose their eyesight or develop serious heart problems.
Thus you must feed cat food to cats.
Alternatively, can you give cat food to dogs? In this case, cat food contains way more salt and calories, so again it is not advisable to keep feeding it to dogs.
☆ If you feed cat food to dogs, they may stop eating dog food. Does that mean that cat food tastes better than dog food?

能用狗食喂猫吗？
　　你也许认为，都是动物用的饲料，用狗食喂猫可以吧。这可不行！偶尔喂几次还没问题，但绝对不能长期喂。为什么呢？
　　因为狗用的饲料中没有加入猫所必须的营养成分，其中有一种叫作牛磺酸的物质，在狗的体内能够自然合成，但猫却不能。因为狗食中没有加入牛磺酸，如果持续喂猫，猫就会引起失明或心脏功能恶化等严重疾病，所以还是请确实地用猫食喂猫。
　　那么，是否能用猫食喂狗呢？喂几天还可以，但猫食对于狗来说其中的盐分和营养过多，所以并不适合持续喂狗。
☆ 据说老是用猫食喂狗的话，狗就会不习惯吃狗食了。是不是因为猫食比狗食更好吃呢？

고양이에게 독 푸드 (애완견용 사료) 을 주어도 될까 ?
　같은 동물의 먹이이니까, 독 푸드를 고양이에게 주어도 상관없다고 생각할지도 모릅니다만, 안 됩니다. 어쩌다 한 번이면 문제가 없지만, 계속해서 주면 절대로 안 됩니다. 왜일까요 ?
　개의 먹이인 독 푸드에는 고양이에게 필요한 성분이 전부 들어 있지 않기 때문입니다. 그중에서도 타우린이라는 물질은, 개는 체내에서 합성할 수 있지만, 고양이는 할 수 없습니다. 독 푸드에는 타우린이 들어 있지 않기 때문에 계속 먹이게 되면, 눈이 보이지 않게 되고 심장이 나빠지는 등 심각한 병을 일으키게 됩니다. 고양이에게는 제대로 고양이의 사료를 주도록 합시다.
　한편, 개에게 고양이의 사료를 주어도 될까요 ? 며칠 정도라면 문제가 없습니다. 단, 고양이 사료는 개에게는 염분이나 영양분이 너무 많으니까 계속 주는 것은 역시 좋지 않습니다.
☆ 개에게 고양이 사료를 계속 주면 독 푸드를 먹지 않게 된다고 합니다. 그것은 독 푸드보다 고양이의 사료가 더 맛있다는 것일까요 ?

違いを見つけよう！
ちが

違いを見つけよう！

相談とアドバイス

学習日

月　日（　）

✿アドバイスによく使われる表現に注意！

例えばこんな表現があります。

◆ ～ましょう

◆ ～するといいでしょう

◆ ～たら（どうでしょうか）

◆ ～すること（です）

◆ ～しておくこと（です）

どうしたらいい？

もっと勉強したら？

▶答えは p.69、解説は別冊 p.5 ～ 6

I 次の文は「相談者」からの相談とそれに対する回答である。

[相談者] 女子高生です。試験前になると急に他のことがしたくなります。読書とか手芸、部屋の模様替えに夢中になってしまい、困ります。どうしたらいいでしょうか。

[回答者A] あなたは現実逃避をしたいのですね。嫌なこと、つまり試験勉強から逃げようとして、他のことを始めるのでしょう。今、目の前にあることを片付けなければいけないと自分に言い聞かせて立ち向かいましょう。

[回答者B] よくあることです。何もしないより、好きなことに夢中になれるのはラッキーだと考えて、気にしないことです。試験の勉強がすべてではありません。

[回答者C] あなたにとって、今、どちらがどのぐらい大切なのか冷静にノートに書いて考えてみましょう。例えば試験のほうが3倍くらい大事だという結論が出たら、3時間勉強したあとに好きなことを1時間したらどうでしょうか。

[回答者D] 試験勉強をしないことにするのです。そして、その代わりに大好きなことを思う存分するのです。みんなが苦しんでいるときに楽しいことができて幸せです。ただし、そのためにはふだんしっかり勉強しておくことです。

問1 試験前に勉強をしなくてもいいという助言はどれか。

　　1　AとB　　　　　2　AとC　　　　　3　BとD　　　　　4　CとD

問2 試験前に試験勉強以外のことをすべきではないと言っているのはどれか。

　　1　A　　　　　　　2　B　　　　　　　3　C　　　　　　　4　D

・・・

I　1～2行目　読書とか手芸、部屋の模様替えに夢中になってしまい
　I tend to distract myself by reading, making handicrafts, making over my room etc.
　埋头于看闲书、做手工、重新布置房间等事　독서나 수예, 방의 실내장식을 바꾸는 것에 몰두해버려서

Ⅱ　次の文は「相談者」からの相談とそれに対する回答である。

相談者： どうしても部屋が片付けられないんです。どうしたらいいでしょうか。

A

回答者A： 最近そういう人が多いですね。もしかしたら社会生活がきちんと送れない一種の病気である可能性もありますから、努力しても改善されない場合は医者に相談してみましょう。

　ただ、努力不足や意志の弱さに原因があるのがほとんどのようですから、まずは、生活するのに必要のない物は全部捨てましょう。そして、買わないこと、物を増やさないことです。郵便にしろ、ゴミにしろ、その日に新たに部屋に加わった物はその日のうちに処理する。もちろん衣類も脱いだらすぐにハンガーにかけ、汚れ物はすぐに洗濯する。毎日毎日が勝負です。「ちりも積もれば山となる」です。

B

回答者B： ゲーム感覚で次のことをやってみましょう。一種の宝探しならぬ、ごみ探しです。第一の目標はゴミ袋がいくつ作れるか。ゴミ袋を各種用意して、どれだけいっぱいになったゴミ袋を作れるか試してみるのです。友達や家族に協力してもらって競争してもいいでしょう。第二の目標は床が見えるようにすること。そして、第三の目標は寝る場所、座る場所、食事や仕事の場所など自分に必要な場所に必要な物以外を置かないで、きれいにしておくこと。そこまでできたら、狭い範囲の掃除を始め、徐々にその範囲を広げていきます。最後に収納という技術の習得へと進みます。

問1　片付けられない原因について触れているのはどちらか。

　　1　A　　　　　　2　B　　　　　　3　AとBの両方　　4　いずれでもない

問2　AとBが共通して述べていることは何か。

　　1　不要なものを捨てろということ
　　2　目標を決めて段階的に片付けろということ
　　3　一気に片付けて、日々注意しろということ
　　4　医者や家族に相談することが肝心だということ

・・

ⅡA　8行目　ちりも積もれば山となる
　　Little and often make a heap in time.　积土成山。　티끌 모아 태산.
ⅡB　1～2行目　一種の宝探しならぬ、ごみ探しです。
　　Like treasure hunting, but in this case, it is garbage hunting.
　　一种不是寻宝而是寻找垃圾的游戏。　일종의 보물찾기가 아닌 쓰레기 찾기입니다.

まとめの問題（p.60～p.63）の答え：問題 1 3　2 2　3 4　4 4　5 1

評価コメント

✿評価の表現に注意！

いい評価ではない
表現に注意！
例えば…

- もう一つ／いま一つ
- 若干気になる

→あまりよくない

- 可もなく不可もなく
- それなりに

→よくも悪くもなく、
普通だ

- 〜できると思ったら
大間違いだ

→できない

キミの場合は
いま一つじゃなくて
いま十ぐらいだね。

▶答えは p.71、解説は別冊 p.6

I　次の文は、あるイタリアンレストランに対する評価コメントである。

> [Aさん] 店員さんが無愛想なのが若干気になりましたが、前菜、スープ、パスタとどれをとってもおいしく、また結構なボリューム（※1）もあり、料理自体は大満足でした。
>
> [Bさん] 白いレンガの壁と大きな窓が印象的な、雰囲気のある店。味は可もなく不可もなくというところ。気軽に入れるわりには落ち着いて食事ができます。
>
> [Cさん] ランチ1500円とランチにしては高めでしたが、前菜やデザートもついて、リーズナブル（※2）と言えます。お料理もそれなりにおいしかったし、また利用したいです。ただスタッフの感じが悪かったのがちょっと残念でした。
>
> [Dさん] 大通りから少し入ったところにあって、落ち着いた雰囲気のレストラン。料理は見た目はいいが味がもう一つ。良くも悪しくも「雰囲気」を味わうのにいい店と言えます。

（※1）ボリューム：volume　体積　볼륨　　　　　　　（※2）リーズナブル：inexpensive　合理的　합당한

問い　上の4人の評価から、この店はどんな店だと考えられるか。

1　料理はかなりおいしいが、店員の態度が悪い。

2　店員がにこやかで、家庭的な雰囲気がいい。

3　料理は悪くはないが、皆が満足するほどではない。

4　値段が安く、量も多いので学生向きである。

Ⅱ　次のＡとＢは、同じ家庭用アイスクリーム製造器に対するユーザーの評価コメントである。

A

　　子供がアイスクリームが大好きなのですが、市販のものは添加物が多く含まれているのでちょっと抵抗があり、あまり食べさせないようにしていました。でも、暑いときはやはりどうしても食べたがるので、子供のために、と購入しました。その結果、家族みんなが夢中に！　甘さも調節できますし、もちろん無添加でとてもヘルシー！　子供にも安心して食べさせられるようになりました。我が家ではいつでも作れるように容器を冷凍庫に入れたままになっていますが、結構場所をとるので特に冷凍庫が小さいご家庭はサイズをよく確認してから購入されることをお勧めします。

B

　　市販のアイスクリームが家で作れる、と思ったら大間違いです。添加物が入っていない、というと聞こえはいいですが、市販のものに入っている解けにくくする成分が含まれていないので、あっという間に解けます。よほどエアコンの効いている部屋ならいざ知らず、暑いときは器に取り分けているそばから解け始めます。また、容器を 14 時間以上も冷凍室に入れて冷やしておかなければならないので、場所がとられるし、実質 1 日に 1 回しか作れません。また 1 回に作れる量が 500ml 程度ですから、パーティーなどでは使えません。作るのにも 1 時間ぐらいかかってしまいますし、生クリームだなんだと材料費も高く、そこまで時間と労力と材料費をかけて作る必要があるのかと感じます。3 割引のアイスクリームを買いだめしておくほうがよっぽど安いです。

問1　ＡとＢに共通の意見として、この製品に関する注意点を述べているものはどれか。

1　材料費や人件費が意外にかかることを知っておくべきだ。
2　冷凍庫に容器を保存するスペースがあるかどうか注意が必要だ。
3　エアコンの効いた部屋で作らないと解けやすいので注意が必要だ。
4　作るのに時間がかかり一度に作れる量が少ないことを知っておくべきだ。

問2　Ｂさんの意見と合わないものはどれか。

1　アイスクリームを作るために大変な思いをするのはおかしい。
2　一度に作れる量がもっと多ければいいと思う。
3　こんなにおいしく作れるなら、もっと早く買えばよかった。
4　できあがったアイスクリームは市販されているものとはかなり違う。

- -

ⅡB　3～4 行目　よほどエアコンの効いている部屋ならいざ知らず
unless you are in a very well air-conditioned room
如果是空調相当足的房間也許还好　아주 에어컨을 세게 틀어 시원한 방이면 어떨지 모르지만

p.66 ～ p.67 の答え：Ⅰ 問1. 3　　問2. 1　　　Ⅱ 問1. 1　　問2. 1

違いを見つけよう！　🔊 No.33

意見文・感想

✿ 肯定的か否定的かを見分けよう！

意見や感想を言うときの表現は、例えば……

◆ 〜ではないだろうか → 〜だと思う

◆ 〜べきだ → 〜したほうがいい

◆ 〜と思えない → 〜とは思わない

◆ いかがなものか
◆ どうかと思う → 〜いいと思わない

◆ 思っていたより…だ
◆ 予想より…だ
◆ 意外と…だ → …で驚いた

勉強しているのはいいが、その態度はいかがなものか。

▶答えは p.73、解説は別冊 p.6

I 次の文章は、帰国子女（親の仕事などで、1年以上海外で過ごして帰国した子供）である高校生4人の帰国後の学校生活についての感想である。

［Aさん］長い海外生活のせいか、違和感を感じることがないこともないが、帰国子女を特別視しない校風の学校で、帰国前に思っていたよりものびのびふるまえる。

［Bさん］身につけた外国語だけでなく、帰国子女としての特性もいかされているとは思えず、ほかの学生と同一化しようとする学校教育を物足りなく感じている。

［Cさん］海外で多様な文化を持つ人たちと交流した経験は素晴らしかったが、日本の学校で新たに築いた人間関係が今後の人生にとって大きな意味を持つと思う。

［Dさん］学業面においては、いまだに追いつけない科目もあるが、これは個人的な努力の問題である。全員で力を合わせて取り組む行事などは海外の学校では得難い体験ではないだろうか。

問い　上の4人のうち、日本での学校生活に否定的な意見を持っていると思われるのはだれか。

1　Aさん　　　　2　Bさん　　　　3　Cさん　　　　4　Dさん

I 1〜2行目　帰国子女を特別視しない校風の学校で、帰国前に思っていたよりものびのびふるまえる
I find myself much more relaxed at this school than I expected because the returnees are treated the same as anyone else
在不会对归国子女另眼相看的学校风气中，比起回国前想像的更轻松自在
귀국자녀를 특별시 하지 않는 학풍의 학교로, 귀국 전에 생각했던 것보다 자유롭게 행동할 수 있다

I 4行目　ほかの学生と同一化しようとする学校教育を物足りなく感じている
I find it unsatisfying that the school expects us to assimilate with the other students
我对试图将每个人都与其他学生相同化的学校教育感到有些不够满意
다른 학생과 동일화하려고 하는 학교 교육을 불만스럽게 느끼고 있다

Ⅱ 次のＡとＢは、裁判員制度に関して一般の人が述べた意見である。

A

　　自分に通知が来たときには気が重くてたまりませんでしたが、実際にやってみると、とても興味深いものでした。思っていたより、わかりやすい言葉で審理や評議が行われましたし、専門家だけでなく、国民の代表として一般人が意見を述べることは大切だと感じました。仕事を持っているので、精神的にも実質的にも負担がないわけではありませんでしたが、裁判の内容はもっと国民に知らされるべきだし、一人ひとりがもっと関心を持つべきだとも思いました。

B

　　裁判の内容を国民に広く開示すること自体は悪いことではないが、そもそも(※1)裁判の審理は、裁判官にしても検察官、弁護士にしても、専門の勉強をして、難しい試験を受けてきている人がやるべきもので、それを一般人にも参加させるというのは、専門家としての責任逃れのような気がする。専門家はそれだけの地位や報酬(※2)ももらっているわけだから、そういう人たちがすべきで、一般人に精神的、物理的負担を強いるというのはいかがなものか。

問1　ＡとＢに共通した肯定的な意見はどれか。

1　専門家だけでなく一般人が意見を述べることは大切だ。
2　裁判の審理や評議に国民が参加するのはいいことだ。
3　専門家でない人が裁判に参加するのは興味深いことだ。
4　裁判の内容を国民に知らせることはいいことだ。

問2　ＡとＢに共通した否定的な意見はどれか。

1　一般人が参加するには心身ともに負担がある。
2　専門家のような地位や報酬がないのは不公平だ。
3　一般人には裁判の用語は難しくて理解が困難だ。
4　専門家が裁判の結果について気が楽になるだけだ。

ⅡA　2〜3行目　わかりやすい言葉で審理や評議が行われましたし
　　the trials and the discussions were carried out using language which was easy to understand
　　用浅显易懂的语言进行了审理和评议　알기 쉬운 말로 심의와 평의가 열렸고
ⅡB　5〜6行目　一般人に精神的、物理的負担を強いるというのはいかがなものか
　　I wonder if it is reasonable to force people to experience psychological and physical burdens
　　迫使人们增加精神及物质上的负担，这是否妥当？　일반인에게 정신적, 물리적 부담을 강요하는 것은 과연 어떠할까?

p.68〜p.69の答え：Ⅰ. **3**　　Ⅱ 問1. **2**　　問2. **3**

違いを見つけよう！　　　　　　　　　　🔊)) No.34

書評
しょひょう

✿内容の解説と個人の意見を区別しよう！
ないよう　かいせつ　こじん　　　　　くべつ

人気作家○○
の最新作！
にんきさっか
さいしんさく

△△を描いた
作品
えが
さくひん

おもしろい！
おすすめ！

この表紙が
ひょうし
気に入らない。
い
だからこの本は
よくない。

ちゃんと中身を
なかみ
理解してから
りかい
評価しなさい。
ひょうか

★作者や本の内容について、客観的に解説しているのか、
　さくしゃ　　　ないよう　　　　　きゃっかんてき　かいせつ
　評価している人の主観が入っているのかに注意しましょう。
　ひょうか　　　　　　　しゅかん

I 次の文は、それぞれ別の本の紹介文である。
つぎ　　　　　　　　　　　　しょうかい

▶答えは p.75、解説は別冊 p.6
かいせつ　べっさつ

作品A： さくひん	著者の作家デビュー40周年を記念して刊行された名探偵・山下小次郎シリーズの新作。 ちょしゃ　さっか　　　しゅうねん　きねん　かんこう　めいたんてい　やましたこじろう　　　しんさく
作品B：	小説「桜サク」でデビュー、現在コメンテーターとしても活躍中の人気小説家が、いわゆる「ニート」だった青春時代を経て、いかに小説を書くようになったか、その波乱の半生を語る。 しょうせつ　さくら　　　　げんざい　　　　　　　　　　かつやく　　　せいしゅん　へ　　　　　はらん　はんせい　かた
作品C：	第2次世界大戦で敗戦した日本が参加を認められなかった1948年、ロンドンオリンピック。当時の関係者に取材し、メダルを期待されながら出場できなかった選手たちのその後を追ったノンフィクション。 だいじ　たいせん　はいせん　　　さんか　みと　　　　　　　　とうじ　かんけいしゃ　しゅざい　　　　きたい　　　しゅつじょう　せんしゅ　　　お
作品D：	第3回ケータイ文学大賞受賞作。謎の生物「アイル」に翻弄される人間の姿を若さあふれる描写で生き生きと描く。文学界に期待の新星、登場。 たいしょうじゅしょう　なぞ　せいぶつ　　　　　ほんろう　　　すがた　わか　　　びょうしゃ　お　　　きたい　しんせい　とうじょう

問1 実際に起こったことが書かれているのはどの作品か。
じっさい　　　　　　　　　　　　　　　さくひん
　　1　AとB　　　　2　BとC　　　　3　CとD　　　　4　BとD

問2 著者にとってのデビュー作であると考えられるのはどの作品か。
ちょしゃ　　　　　　　　　　さく　　　　　　　　　　　　　さくひん
　　1　A　　　　2　B　　　　3　C　　　　4　D

I　5行目　波乱の半生を語る
　talk about a life full of ups and downs　讲述了动荡的前半生　파란만장의 반평생에 대해 이야기하다
I　9行目　謎の生物「アイル」に翻弄される人間の姿
　a story of human beings who are toyed with by a mysterious creature called "Aile"
　遭受不明生物"艾尔"困扰的人类百态　신비의 생물「아일」에 농락된 인간의 모습

II 次のA、B、Cはサンダー・コラールト著、長山さき訳『ある犬の飼い主の一日』という新潮社の新刊についての紹介記事である。

A

　　犬は小説に似ている。必ず、戻ってくる。もう、いなくなってしまった、と思っても、秘められた言葉をくわえ、きっと戻ってくる。ヘンクもそんな犬、スフルクを飼っている。初対面のミアはヘンクの表情を「子どもの本のように」読みとる。「なんてやさしい人なんだろう」。登場する人間、動物、音楽、川、風を、著者は愛す。病や二日酔いまで、大切に描く。この一冊自体、愛情を注がれた、子犬のような本だ。そして、ヘンクのような愛書家なら知っている。大切なことはすべて、そんな一匹のなかに、惜しみなく(※1)記されてあることを。

B

　　中年男ヘンクは、離婚して老犬と暮らすICUのベテラン看護師。ある朝、散歩中にへばった老犬を素早く介抱してくれた女性がいた。その名はミア。人生の辛苦を人並みに経験してきたヘンクだが、久々にときめいている自分を発見する。一人の男が生きる喜びを取り戻していく一日をつぶさに(※2)描いた愛すべき長篇。リブリス賞受賞作。

C

　　コラールトはまるで読者と楽しくお茶でも飲みながら会話をするように書く。だが読者はすぐにその居心地のよい口調、軽快な文章の裏に隠されているものの存在に気づく。これはより洗練された文学であり、注意して読む必要がある、と。

(新潮社ウェブサイトによる)

（※1）惜しみなく：without stint　不惜　아낌없이　　　　（※2）つぶさに：completely　詳細地　자세히

問い　A〜Cの内容は、次の①〜③のどれにあたるか。

　　　　①出版社からの本の紹介

　　　　②著者についても触れているリブリス賞の選評

　　　　③個人的な意見の入った短評

　　　1　A-①　　B-②　　C-③

　　　2　A-③　　B-①　　C-②

　　　3　A-③　　B-②　　C-①

　　　4　A-①　　B-③　　C-②

- -

II A　1〜2行目　犬は小説に似ている。……きっと戻ってくる。
Dogs are like novels. They always come back. Even if you think they are gone, they will come back with hidden words.
狗和小说很像。都一定会回来。就算觉得已经不在了，它也一定会叼着埋藏的话语回来。
개는 소설과 닮아 있다. 반드시 돌아온다. 이젠 사라졌다고 생각해도 숨겨진 말을 입에 물고 분명 돌아온다.

p.70〜p.71の答え：I.**2**　　II 問1.**4**　　問2.**1**

解説文

✿重要な文を見つけよう！

具体例

筆者が言いたいこと

重要！

理由

詳しい説明

全部重要な文に見える……

重要な文は、段落の最初か最後にあることが多いよ！

★段落に分かれているときは、それぞれの段落で言いたいことは何かをつかもう。

▶答えは p.77、解説は別冊 p.6

Ⅰ 次のA〜Cは、人とうまく話すためのコツについて書かれている文である。

A

　本当の「話し上手」とは、いったいどういう人をいうのでしょうか。よく言われますが、「必要な時に、必要な人に、必要なことを、必要なだけ言うことができる人」です。

（櫻井弘『上手な話し方が面白いほど身につく本』中経出版による）

B

　先手であいさつすると、気持ちの上で相手を一歩リードすることができる。

　前日、気まずい思いで別れた相手に、翌朝、こちらから先に「おはよう」と声をかける。わだかまりが消える。以後、さっぱりした気分で話ができる。先手のあいさつは、人を動かす力を持っている。

（福田健『決定版！ 話す技術　スピーチ・商談・ほめ方・しかり方…あらゆるビジネスシーンを網羅』PHP研究所による）

C

　相づちが重要なコミュニケーションツールであることを否定する人はいないでしょう。上手に相づちを打つと話は弾みます。但し商談の場合、何でも「なるほど」、「いいですね！」では役に立ちません。相手の言葉を使って「○○ですか。うーん……」と考え込んで見せ、相手に「もっと説明しなければ！」という気持ちにさせるという技術も必要です。

問い　次の文はABCのうち、どれの例か。

> 　会議の席で、あまり発言をせずに、静かに座っている人がいます。議論が白熱し、収拾がつきにくくなったような時に、ポツリと言った一言が周囲の人を、うならせてしまう人がいます。

　1　A　　　　　2　B　　　　　3　C　　　　　4　いずれでもない

Ⅱ 次のＡとＢは、それぞれ「身だしなみ（※）」について書かれた文章である。

A

　　身だしなみの基本は、相手に不快感を与えないこと。しわがよっていたり、汚れがあると、だらしない印象に。身だしなみを整えるといっても、おしゃれにお金をかければいいというものではありません。

　　ブランドのロゴが大きく入ったものや、これみよがしな高級スーツなどは、かえってひんしゅくを買う可能性もあります。職場の雰囲気に合い、清潔感のある服装を心がけることが第一です。　（幸運社 編『こんなことも知らないの？ 大人のマナー常識513』PHP研究所による）

B

　　ビジネスの第一歩は身だしなみをきちんと整えることです。だらしない格好は相手を不快にするばかりか、仕事に臨む姿勢や能力までも疑われかねません。襟元や袖口の汚れ、ズボンやスカートにほつれなどがないか、髪は乱れていないか、など外出前にチェックすることを心がけましょう。

　　ただ、いくら身だしなみがきちんとしていても、顔色が悪かったり、疲れ切った様子をしていたらどうでしょう。まわりの人も「この人に仕事をまかせて大丈夫だろうか」と不安になってしまいます。逆に明るい笑顔、はつらつとした態度、キビキビとした動作はだれにとっても気持ちのいいもの。健康を保つこともまた身だしなみの一つなのです。

（※）身だしなみ：personal appearance　　仪容仪表　　몸가짐

問1　ＡとＢに共通する「身だしなみ」の心得として正しいものはどれか。

1　ビジネスに不適切な高級服は避けるようにする。
2　相手に不快感を与えないよう清潔を心がける。
3　相手に恥をかかせないように地味な服装をするようにする。
4　相手の印象に強く残るような人とは違った服装を心がける。

問2　Ｂの内容として正しいのはどれか。

1　体調が悪いときは無理をせずに休むことが身だしなみの一つである。
2　身だしなみにばかり気を使っていると、体調を崩しかねない。
3　健康を保つためなら、少しぐらいだらしない格好になっても仕方がない。
4　社会人として身なりを整えることと同様、健康であることも大切である。

－－

ⅡA 4～5行目　これみよがしな高級スーツなどは、かえってひんしゅくを買う可能性もあります
showing up in too extravagant a suit might be frowned upon
炫耀目的的高级西服等，反而可能惹人讨厌　여봐란듯한 고급 양복 등은 오히려 빈축을 살 가능성이 있습니다

p.72～p.73の答え：Ⅰ 問1. **2**　　問2. **4**　　　Ⅱ. **2**

違いを見つけよう！

新聞記事(きじ)

◀)) No.36

✿情報(じょうほう)の違い(ちが)に注意！

台風 17 号、東京を直撃(たいふう)(ごう)(ちょくげき)	台風 17 号 被害相次ぐ(たいふう)(ごう)(ひがいあいつ)
○○市では○○戸が床上浸水、(こ)(ゆかうえしんすい)住民○○人が、小中学校などに(じゅうみん)避難している。……(ひなん)	各地で大雨による土砂崩れや橋(かくち)(どしゃくず)(はし)が流されるなどの被害が相次ぎ(なが)

同じことについて書いてあっても
取り上げている内容は違います。(ないよう)(ちが)
違いに注意して読みましょう！

集めるだけじゃ
ダメなのよ。

▶答えは p.79、解説は別冊 p.6(かいせつ)(べっさつ)

Ⅰ　次の文章は、異なる新聞が同じ事件について報じたものである。(つぎ)(ぶんしょう)(こと)(じけん)(ほう)

[A新聞]　古川署は 20 日、住所不定、無職山田孝容疑者（30）を窃盗容疑で逮捕した。(ふるかわしょ)(ふてい)(むしょくやまだたかしようぎしゃ)(せっとう)(たいほ)

発表によると、山田容疑者は 1 日の深夜、古川市高森のラーメン店「ラーメ(はっぴょう)(しんや)(たかもり)

ン三郎」に侵入し、金庫から現金約 33 万円を盗んだ疑い。車の目撃情報など(さぶろう)(しんにゅう)(きんこ)(げんきんやく)(ぬす)(うたが)(もくげきじょうほう)

から、同署が山田容疑者を指名手配したところ、岩手県警が花巻市内で見つけ(どうしょ)(しめいてはい)(いわてけんけい)(はなまきしない)

た。

[B新聞]　ラーメン店から現金を盗んだとして岩手県警捜査一課は 20 日、住所不定、(げんきん)(ぬす)(いわてけんけいそうさいっか)(ふてい)

無職、山田孝容疑者(30)を窃盗容疑で逮捕した。(むしょく)(やまだたかしようぎしゃ)(せっとう)(たいほ)

同課によると、山田容疑者は「知らない」と容疑を否認しているという。同(どうか)(ひにん)

課は車の目撃情報などから山田容疑者を特定。指名手配していた。(もくげきじょうほう)(とくてい)(しめいてはい)

問い　A新聞に書いていなくてB新聞に書いてあることはどれか。

1　容疑者の職業と年齢(ようぎしゃ)(しょくぎょう)(ねんれい)

2　容疑者が盗んだとされるもの(ぬす)

3　なぜこの容疑者が指名手配されたか(しめいてはい)

4　容疑者が犯行を認めているかどうか(はんこう)(みと)

Ⅰ　3～5行目　車の目撃情報などから、……花巻市内で見つけた。
Based on information on the car from an eye-witness, the local police issued a warrant for the arrest of Yamada , who was later found in the City of Hanamaki by the Iwate Prefectural Police.
根据对车辆的目击线索等, 该警察署发布对山田嫌疑人的通缉令, 之后岩手县警察在花巻市内将其抓获。
자동차의 목격정보 등을 참고로 해서, 후루카와 경찰서에서 야마다 용의자를 지명수배하자마자, 이와테현 경찰서가 하나마키시내에서 발견했다.

Ⅱ 次のAとBは似たような内容の記事である。

A

ハロウィン仮装^(※1)でごみ拾い──みどり町自治会　子どもら230人参加

みどり町自治会は、ハロウィンにちなんだボランティア清掃活動を行った。仮装をした子どもたちや保護者、みどり高校の生徒ら約230人が参加。約1キロを歩きながらごみや枯れ葉などを集めた。今回で10回目のこのイベント、今年は10月29日に開かれた。子どもたちは個性豊かな衣装を身に着け、楽しんだ。みどり町自治会の森会長（70）は「みんなが楽しく地域と触れ合ってほしい」と目を細めた^(※2)。

B

ごみ拾いでお菓子もらおう！‥‥あす黒木町でハロウィンイベント

20XX年10月28日

黒木町の公園周辺で29日、ハロウィンイベントが初めて開かれる。「なかよしカフェ」を経営する赤井さん（35）が企画。町のゴミ拾いの後、公園で仮装コンテスト。飲食店や寺など10施設が協力。参加者はゴミ拾いをしながら各所を回り、合言葉「トリック・オア・トリート」を言うと、お菓子がもらえる。参加は無料で年齢制限もない。赤井さんは「地域の恒例イベントになれば」と意気込んで^(※3)いる。

（※1）仮装：costume　乔装　가장　　　　　　　　（※2）目を細める：smile　微笑　미소짓다

（※3）意気込む：be enthusiastic　振奋　마음먹다

問1　記事に書かれている内容として<u>正しくない</u>のはどれか。

1　AもBもハロウィンにちなんだ地域の清掃活動である。

2　AもBもハロウィンの恒例の地域イベントである。

3　Aは終了したイベントの記事、Bはイベントの予告の記事である。

4　Bはごみを拾って合言葉を言うとだれでもお菓子がもらえる。

問2　AとBのどちらかだけに書かれている情報はどれか。

1　主催者　　　　　2　参加者の感想　　　3　開催日　　　　4　参加者の人数

⁃⁃

Ⅱ A　5～6行目　みどり町自治会の……目を細めた。
Mr. Mori (70), president of the Midori-cho Neighborhood Association, grinned and said, "I hope everyone will have fun and have contact with the community."
"希望大家能与地区愉快接触。"Midori 町自治会的森会长（70 岁）微笑着说道。
미도리초 자치회의 모리 회장 (70 세) 은 '여러분이 즐겁게 지역과 교류하기를 바란다' 고 웃음지었다 .

Ⅱ B　7行目　「地域の恒例イベントになれば」と意気込んでいる。
He is enthusiastic about the event, saying "I hope it will become a regular event in the community."
他还鼓劲称，"希望能成为地区的惯例活动。"
'지역 연례 행사가 되었으면' 하는 의욕을 내비쳤다 .

p.74～p.75の答え：Ⅰ. **1**　　　Ⅱ 問1. **2**　　問2. **4**

違いを見つけよう！

まとめの問題

問題1 次のAとBは、同じタイピング練習ソフトに対するユーザーの評価コメントである。AとB
の両方を読んで、後の問いに対する答えとして、最もよいものを1・2・3・4から一つ選
びなさい。

🔊)) No.37

A

　　タイピングがものすごく早い友人に勧められて購入しました。このソフトを使うま
では自己流で一応入力できるという程度だったのですが、このソフトで練習を始めた
ら3日ぐらいでストレスを感じないで文字入力ができるようになり、現在は人に感心
されるぐらい早く打てるようになりました。すべてこのソフトのおかげです！　ゲー
ムで遊びながら練習するようなソフトもいくつか試してみましたが、結局のところ、
まず基礎固めが大事。シンプルなこのソフトがいちばんいいと思いました。値段も手
頃ですし、学生から社会人まで、だれにでもお勧めできます。

B

　　単調な練習が続くので、すぐに退屈になり、挫折(※)しました。よほど根性のある真
面目な人ならいいのかもしれませんが、やはりこういうレッスンものは根気よく続け
られるような工夫が必要なのではないでしょうか。また基本基本というわりには指の
動かしかたもきちんと教えてくれないし、完全な初心者がこのソフトで学ぶのは無理
ではないかと思います。同じわからないのだったらせめて楽しくできるものならいい
と思うんですが。画面デザインも古い感じで、値段を下げるためなのかもしれません
が、今時こんなソフトが普通に売られているなんて、正直、驚きました。

（※）挫折：始めたことが途中で失敗し、ダメになること。

1　ＡとＢの内容について、正しいものはどれか。

1　ＡのユーザーもＢのユーザーもこのソフトでタイピングが速くできるようになった。

2　ＡもＢも自分には向かないが、合う人もいるのではないかと言っている。

3　Ａのユーザーは、このソフトがいいと思っているが、ゲーム感覚で楽しくできたらもっ
　　といいと考えている。

4　Ａのユーザーには向いていたが、Ｂのユーザーには向いていなかった。

2　ＡとＢの評価から考えられるこのソフトの特徴はどれか。

1　少し知識のある人が基礎固めに徹して根気よく練習すれば上達する。

2　全くの初心者でも無理なく楽しみながら基礎をきちんと練習できる。

3　指の動かし方が一からわかるようになり、タイピングが速くなる。

4　値段も手ごろで、単調な練習が苦手な人にも勧められる。

p.76 ～ p.77 の答え：Ⅰ. 4　　　Ⅱ 問1. 2　　問2. 4

次のＡとＢは「看護職のための病院就職説明会」に関する記事である。ＡとＢの両方を読んで、後の問いに対する答えとして、最もよいものを１・２・３・４から一つ選びなさい。

🔊 No.38

A

> ### ◇ 看護師の復職を応援します！
>
> 　みどり市では、以前にも増して看護師不足が深刻な問題となっている。そのため、離職中の看護師の復職を促すことを目的として、8月25日に「復職をめざす看護職のための病院就職説明会」を開催する。場所はみどり市病院協会看護専門学校で行われる。復職するためには、子育て支援や再教育も必要となるため、その相談も受け付ける。
>
> 　市内にあるすべての病院を調査した結果、6割を超える病院で看護師が不足しており、不足している看護職の人数は約500人とみられる。そのうちの看護師は約450人、准看護師(※)は約50人ということだが、資格を持ちながら家庭の事情で退職した潜在看護師はその10倍いると推測される。退職した主な理由は出産や子育てである。
>
> 　このため、市は、看護学校の学生向けだった就職説明会に加えて、復職についての相談にも力を入れる。いったん退職をした看護師らの一番の不安要因は、子育てについてである。院内保育施設を設置している病院など子育て支援に積極的に取り組んでいる病院も増えてはいるが、その数は多いとは言えない。また実務から離れているという不安を訴える看護師も多く、再教育システムに市が出す助成金の増額も検討している。
>
> 　説明会は、午後2時〜4時半。2〜5歳の一時保育を希望することも可能(要予約)。問い合わせは、市健康福祉局医療政策課(×××−×××−××××)まで。

(※) 准看護師：医師や看護師の指示を受けて看護や診療の補助をする人

B

◇ 看護師不足を補うための説明会

　8月25日の午後、みどり市や市病院協会などによる「復職をめざす看護職のための病院就職説明会」がみどり市病院協会看護専門学校において開催された。病院就職説明会は従来、看護学校の学生を対象に行われているが、今回は特に出産や子育てなどの理由で現場を去った「潜在看護師」を対象にしたもので、参加者による質疑応答も活発な説明会になった。

　市健康福祉局によると、市内の病院では現在約500人の看護師が不足しているという。一方で、資格は持つものの出産や子育てなどの理由で離職した看護師、いわゆる潜在看護師も約5000人いるとのことだ。

　参加者のアンケートには「出産を機に離職したが、院内保育施設も充実してきているというので、もう一度職場に戻りたいと思った。」「医療現場に復帰するための研修もあると聞き、ぜひ参加して復職したい。」など、復職に積極的な意見が多かった。

3　AとBのどちらか一方だけに書かれている内容はどれか。

1　説明会の開催時刻
2　潜在看護師の数
3　参加病院の数
4　看護職全体の不足数

4　次の文の①②に入る組み合わせとして正しいのはどれか。

　Aには（　①　）が書いてあり、Bには（　②　）が書いてある。

1　①不足看護職の内訳　　　　　　　②参加者の内訳
2　①復職希望者の不安理由　　　　②復職支援研修の内容
3　①説明会を開催する市側からの情報　②説明会の参加者の感想
4　①看護学校側の情報　　　　　　②病院側の取り組み

甘い物というと、砂糖ですね。砂糖は太る、糖尿病になる、虫歯になる、と言われ、特にダイエットをしている人は、砂糖を極力摂らないように気をつけますね。でも、これは脳にとっては危険なことなのです。

砂糖は脳にとって欠かせない重要な食品です。脳のエネルギー源となるのはブドウ糖のみです。脳は余分なエネルギーを蓄えておくことができないため、常にエネルギーを供給し続けなければなりません。砂糖は、ブドウ糖をすぐに脳に送ることができます。米や麺類などもブドウ糖になりますが、消化吸収に時間がかかります。健康のことを考えすぎて砂糖を摂らないようにしていると、脳の老化を早めてしまいます。また集中力がなくなったり物忘れがひどくなったりします。

試験勉強や仕事などで疲れたときに甘いものを摂ってください。頭がすっきりして、集中力や記憶力がアップしますよ。特にチョコレートはいいそうです。

☆試験のためにチョコレートを食べるなら、試験の始まる１時間前に食べるといいそうです。ただ、いくら甘くても合成甘味料は体内でブドウ糖にはならないので、脳のためにはなりません。ご注意を！

Do brains age faster as a result of lower sugar intake?
When we talk about sweet things, we focus on sugar, don't we? We avoid sugar, especially those who are on a diet tend to avoid sugar intake, since it is believed to cause weight gain, diabetes, tooth cavities, etc., but avoiding it too much could be dangerous to your brain. Sugar is a very important nutrient for the brain. The brain functions by consuming glucose. Since brains cannot store excess energy, it has to be constantly supplied from outside. Sugar quickly turns into glucose and can be rapidly metabolized by the brain. Rice and noodles also turn into glucose but it takes time for them to be absorbed into the blood. You may accelerate the aging of your brain if you are excessively concerned with your sugar intake. You may also find it difficult to concentrate and remember things if you do not consume enough sugar.
When you are tired after studying hard or working hard, eat some sweets. You will feel refreshed and will be able to concentrate and work better. Chocolate seems to be the best.
☆ If you plan to eat chocolate before an exam, it is advisable to eat it one hour before. You have to remember, though, that artificial sweeteners cannot be a source of glucose even if they taste sweet.

糖分不足大脑就会老化吗？
　　说起甜的东西那就是糖了。人们常说糖分会引起肥胖，导致糖尿病，容易蛀牙，尤其是节食减肥的人都十分注意尽量不摄取糖分。但是，这样做对大脑来说是很危险的。
　　糖分对大脑来说是不可缺少的重要食品，而大脑的能源只有葡萄糖。由于大脑不能储存额外的能量，所以必须经常给大脑供应能量。糖分可以将葡萄糖迅速输送给大脑。虽然米或面类等食物中也含有葡萄糖，但消化吸收颇费时间。过于担心健康而不摄取糖分的话，就会使大脑提早老化，导致注意力变差而且越来越容易忘事。
　　考试复习或工作感到疲劳的时候最好吃些甜味食品，这样就会使头脑清醒，提高注意力和记忆力，据说巧克力尤为见效。
☆ 如果是为了考试吃巧克力的话，据说最好在考试开始的１小时前吃。不过，合成甜味剂即使再甜，也不会在体内转换成葡萄糖，对大脑毫无作用。
　　此点还请切记！

설탕이 부족하면, 뇌가 노화한다？
　　단 것 하면, 설탕이지요. 설탕은 살이 찐다, 당뇨병이 된다, 충치가 생긴다고 알려져서, 특히 다이어트를 하는 사람은 설탕을 될 수 있으면 섭취하지 않기 위해 주의하고 있지요. 그렇지만, 이것은 뇌에는 아주 위험한 것입니다.
　　설탕은 뇌에 없어서는 안 되는 중요한 식품입니다. 뇌의 에너지의 원천이 되는 것은 포도당뿐입니다. 뇌는 여분의 에너지를 쌓아 둘 수 없으므로 항상 에너지를 공급하지 않으면 안 됩니다. 설탕은 포도당을 바로 뇌로 보낼 수 있습니다. 쌀이나 면류 등도 포도당으로 되지만, 소화 흡수가 되기까지는 시간이 걸립니다. 건강에 너무 신경을 써서 설탕을 섭취하지 않게 되면, 뇌의 노화를 앞당기게 됩니다. 또한, 집중력이 떨어지거나 건망증이 심해지기도 합니다.
　　시험공부나 일 등으로 피곤해졌을 때는 단 것을 섭취하십시오. 머리가 맑아져, 집중력이나 기억력이 올라갑니다. 특히 초콜릿이 좋다고 합니다.
☆ 시험 때문에 초콜릿을 먹는다면, 시험이 시작되기 １시간 전에 먹으면 좋다고 합니다. 단, 아무리 단 것이라도 합성감미료는 체내에서 포도당으로 되지 않으니, 뇌에는 좋지 않습니다. 주의하시기를！

情報を正しく読み取ろう！
じょうほう

お知らせ・案内

✿ 用件だけ読み取ろう！

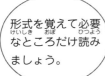

形式を覚えて必要なところだけ読みましょう。

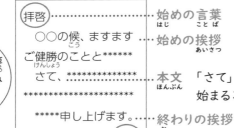

拝啓	………	始めの言葉　「拝啓」・「前略」など
○○の候、ますます　ご健勝のことと******	…	始めの挨拶　季節の挨拶、相手の健康を尋ねる文 など
さて、************** ******************	…	本文　「さて」「ところで」「早速ですが」などで始まることが多い。
*****申し上げます。	……	終わりの挨拶　お願いやお詫び、感謝の言葉 など
敬具		終わりの言葉　「敬具」・「草々」など
記 ************** 以上		

はいけい、ますます……

そこは読み飛ばしていいところよ！

▶ 答えは p.87、解説は別冊 p.6

Ⅰ

事務所 移転のお知らせ

拝啓

　新緑の候　ますますご清栄のこととお慶び申し上げます。
平素は格別のご高配を賜り厚くお礼申し上げます。
　さて、このたび業務拡大に伴い、下記に事務所を移転する運びとなりました。
新事務所での営業は来る５月20日（月）より開始いたします。
　まずは、ご通知かたがたご挨拶申し上げます。

敬具

20XX年５月吉日

　　新住所　〒989-xxxx　みどり市寺下２丁目2-1-X

株式会社グリーン企画

問い　この文書で伝えたいことは何か。

1　事務所の移転先と営業開始日

2　新事務所の住所と旧事務所の最終営業日

3　営業日の変更と新事務所の場所

4　事業拡大に伴う移転および工事の日程

Ⅰ　３〜４行目　新緑の候……お礼申し上げます。
　I hope this letter finds you well in this nice spring season. I would like to thank you for your continued support.
　春回大地之际，谨祝贵体益发康健！ 对平素给予的深情厚意，表示深切的谢意。
　신록의 봄을 맞이하는 요즈음 나날이 번창하고 계시리라 사려됩니다. 평소에 각별히 배려를 해 주셔서 감사드립니다.

20XX 年 8 月○日

ユーザー各位

株式会社 グリーンシステム
広告宣伝部 広山 幸一
tel. 012-345-6789

「グリーン会計」活用セミナー開催のご案内

　拝啓　時下益々ご健勝のこととお慶び申し上げます。平素より格別のご愛顧を賜り、誠にありがとうございます。

　さて、この度弊社では、弊社製品「グリーン会計」のユーザー様を対象に、下記要領にて「グリーン会計」の活用セミナーを開催させていただくこととなりました。本セミナーでは活用事例や応用的な機能など、「グリーン会計」をもっと活用していただくための情報をご紹介いたします。なお、当日は、弊社製品の紹介や新製品体験コーナーの開設等も予定しております。是非ともご参加くださいますようお願い申し上げます。

敬具

記

・日　時　　20XX 年 9 月 5 日（金曜日）

　　　　　　午前の部　10:00 ～ 12:00　　　　午後の部　13:30 ～ 15:30
・場　所　　株式会社グリーンシステム本社　　4 F 会議室
・定　員　　午前の部・午後の部、各 40 名様

※完全予約制となっております。弊社広告宣伝部までお電話または E-mail にてお申し込みください。お問い合わせもお気軽にどうぞ。

以上

問1　この案内の内容と合わないものはどれか。

　1　セミナーの目的は「グリーン会計」の上手な使い方の習得である。

　2　セミナーは同じ内容のものが午前と午後に開催される。

　3　セミナーに参加すると新製品を実際に使ってみることもできる。

　4　セミナー会場に当日到着した順に 40 名まで参加が可能である。

問2　体験とあるが、だれが何を体験できるのか。

　1　「グリーン会計」ユーザーでセミナー参加者が新製品を体験できる。

　2　「グリーン会計」購入予定者でセミナー参加者が新製品を体験できる。

　3　「グリーン会計」未体験のセミナー参加者が「活用術」を体験できる。

　4　「グリーン会計」の使用者ならだれでも新製品を体験できる。

まとめの問題（p.78 ～ p.81）の答え：問題1 ① 4　② 1　　　問題2 ③ 1　④ 3

掲示板
けいじばん

❀必要な情報だけキャッチしよう！
ひつよう　　　じょうほう

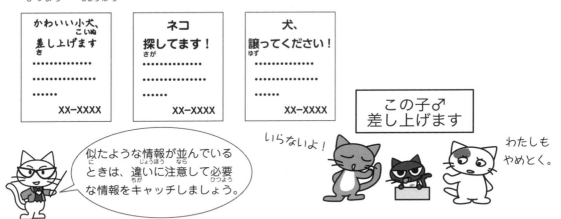

| かわいい小犬、
こいぬ
差し上げます
さ
・・・・・・・・・・・・・
・・・・・・・・・・・・・
・・・・・・
　　　　xx-xxxx | ネコ
探してます！
さが
・・・・・・・・・・・・・
・・・・・・・・・・・・・
・・・・・・
　　　　xx-xxxx | 犬、
譲ってください！
ゆず
・・・・・・・・・・・・・
・・・・・・・・・・・・・
・・・・・・
　　　　xx-xxxx |

この子♂
差し上げます

いらないよ！

わたしも
やめとく。

似たような情報が並んでいる
に　　　　　じょうほう　なら
ときは、違いに注意して必要
ちが　　　　　　　ひつよう
な情報をキャッチしましょう。

▶答えは p.89、解説は別冊 p.7
かいせつ　べっさつ

I

白い中型犬、探しています！
ちゅうがたけん　さが
5月14日の午後、いなくなりました。赤い首輪をしている老犬です。見つけた方は
くびわ　　　　　　ろうけん
連絡してください！
れんらく

問い　この情報の内容と合うものはどちらか。
じょうほう　ないよう

1　白い中型犬を飼いたいので譲ってほしい。
ちゅうがたけん　か　　　　　　ゆず

2　飼っている犬がいなくなったので見つけてほしい。

II

ベビー用品譲ってください！！　　近藤
ようひんゆず　　　　　　　　　こんどう
6月出産予定です。ベビーベッド、ベビーカー等探しています。
しゅっさん よてい　　　　　　　　　　　　　とうさが
ご不要な方、譲っていただけませんか？　よろしくお願いします！
ふよう　かた　ゆず　　　　　　　　　　　　　　　　ねが

問い　この情報の内容と合うものはどれか。
じょうほう　ないよう

1　もうすぐ子どもが生まれるのでベビー用品をそろえたい。
ようひん

2　ベビー用品をなくしてしまったので、探してほしい。
さが

3　どんなベビー用品を買えばいいか、意見がほしい。

4　もうすぐ子どもが生まれるので、ベビー用品をもらってほしい。

III

〜〜譲ります〜〜

*原則無料です。有料の場合や送料負担の場合は事前によく話し合ってください。

A

家具・家電・経済関係書

卒業するので家具や家電品、東都大 経済学部の教科書や参考書などを格安で処分します。欲しい人は連絡してください。先着順に交渉に応じます。

連絡先→XXXX

B

電子レンジ

古くて少し大きいですが、いい品物です。着払いでお送りしますので、送料のみ負担してください。

連絡先→XXXX

C

冷蔵庫、譲ります

　少し古いですがまだ使えます。2ドア式で一人暮らしの方におススメです。取りに来ていただける方、限定です。

連絡先→XXXX

D

乾燥機

　中古品ですが、問題なく動作します。旧タイプの大型で、かなりスペースを取ります。取りに来てくださる方、優先します。

連絡先→XXXX

E

二段ベッド譲ります！

子どもが使用していた二段ベッドです。シングルベッドに分けることもできます。マットレスはありません。取りに来ていただけると助かりますが、配送の場合は、送料をご負担願います。

連絡先→XXXX

F

家具や家電用品、譲ります

10年以上前に購入したもので古いものばかりですが、テレビ、洗濯機、冷蔵庫、本棚、ソファ、ベッド等各種あります。無料ですが、まとめて全部、引き取りに来ていただける方、お願いいたします。

連絡先→XXXX

問い　この人の役に立ちそうな情報はどれか。

> 家電品、譲ってください！　4月から一人暮らしを始めましたが、1DKの部屋には冷蔵庫しかありません。もし、要らない家電品をお持ちでしたら、譲っていただけないでしょうか？　車はあるので、取りに伺えます。

1　AとBとD

2　AとBとF

3　BとCとD

4　CとEとF

III B　3〜5行目　着払いでお送りしますので、送料のみ負担してください。
I will send it to you by cash on delivery, so please pay only for the shipping cost.
我们将以到付的形式发送，仅需您支付邮费。
착불로 보내드릴 테니 배송료만 부담해 주세요.

p.84〜p.85の答え：I. 1　　II 問1. 4　　問2. 1

情報を正しく読み取ろう！

リストを読む

✿問いから読もう！①

わー！すごい!!

自分に必要な
情報だけ探すんだ！

★リストなどの問題は、問いで問われている以外の情報は読み飛ばそう。

Ⅰ　次のリストはみどり市周辺の花火大会に関する情報である。　▶答えは p.91、解説は別冊 p.7

		開催日	打ち上げ時間	打ち上げ数	開催場所	最寄り駅
a	第9回緑山 花火大会	8/13（金）	19:30 ～ 21:00	16,000	みどり中央公園	みどり駅
b	第80回大川川開き 花火大会	8/1（日）	19:00 ～ 21:00	15,000	森山市大川河川敷	森山駅
c	白浜みなと祭 花火大会	7/25（日）	19:30 ～	3,000	白浜漁港	白浜港駅
d	内山湖夏祭り大会	8/8（日）	19:45 ～	4,500	内山湖畔公園	内山湖駅
e	夏祭り in ひらやま	8/21（土）	20:00 ～	3,500	平山市役所前広場	平山駅
f	大里ふるさと夏祭り	8/15（日）	19:45 ～ 20:30	5,000	大森山公園	大里駅
g	サマーフェスティバル in 村山 花火大会	8/14（土）	20:00 ～ 21:00	8,000	村山海岸	村山海岸駅
h	清田川花火大会	8/7（土）	19:30 ～ 21:00	20,000	清田川公園	清田駅
i	青石湾大花火大会	8/8（日）	19:00 ～ 21:00	18,000	青石海浜公園	青石駅
j	遠山夏祭り	8/15（日）	20:00 ～	4,000	遠山記念公園	遠山駅

問1　お盆休み（8/13 ～ 8/15）の間に開催される花火大会のうち、打ち上げ数が 5000発
以上ある花火大会はいくつあるか。

　　　1　1つ　　　　　　　2　2つ　　　　　　　3　3つ　　　　　　　4　4つ

問2　海の近くで開かれる花火大会のうち、最も大きい花火大会はどれか。

　　　1　b　　　　　　　　2　c　　　　　　　　3　g　　　　　　　　4　i

Ⅱ 次のリストはある市の広報誌の記事の一部である。

◆募集

講座名	日時・場所	概要	参加費	申込先
a ダンス 自由レッスン	毎週火曜 13時〜 寺下公民館	気軽にダンスを楽しみましょう。初心者歓迎。運動できる服・靴をお持ちください。市内の18歳以上の方。	無料	寺下ダンスクラブ (124)7891
b 生活習慣病を予防しましょう 健康料理教室	年12回 第3土曜日 保健センター	市内にお住まいの16歳以上の方を対象に、食生活の改善指導と調理実習を行います。（定員30名）	1回300円 （材料費）	みどり市 健康推進課 (123)7890
c 心も体も元気に 運動セミナー	毎月 第1,3 日曜日 森山体育館	簡単な体操と健康チェックを行います。上靴・水かお茶（水分補給用）を持参の上、運動できる服装でご参加ください。対象：市内の中高年者（40歳以上）	無料	みどり市 健康推進課 (123)7890
d 卓球教室	6・7月の土曜日 午前9時〜正午 美しが丘体育館	市内の18歳以上の方対象。※ラケットはお貸ししますが、お持ちの方はご持参ください。	1回あたり 200円	みどり市 体育協会 (124)7891

◆催し

イベント名	日時・場所	概要	入場料	問い合わせ
e 第29回 ユリ祭り	6/19〜7/11 8:30〜17:00 美しが丘ゆり園	園内42000㎡に咲き誇るユリの花をお楽しみください！土日はバンド演奏や野菜の直売などのイベントも有り。	一般 ¥700 高校生以下 ¥400	みどり市 観光協会 (123)4567
f 第30回 若葉吹奏楽団 定期演奏会	7月18日（日）開演：13:30 緑シティホール	大人から子供まで楽しめるコンサート 曲目：・ホルスト「第1組曲」・ミュージカルメドレー 他	一般：¥900 小学生以下 無料	若葉吹奏楽団 田中 (098)6543
g みどり夏祭り	7/24, 25 寺下公園周辺	24日は13時から前夜祭を開催。2日目の本祭では子どもみこし、和太鼓演奏や浴衣コンテストなどが行われる。	無料	みどり市 産業課 (123)9876
h 県 美術展	7/26-8/20 みどり市美術館	入賞・入選した絵画・彫刻と招待作家の作品を展示。	無料	社会教育課 (123)9876

問1 週末に体を動かしたい36歳の会社員に合っている募集／催しはいくつあるか。

　　1　1つ　　　　　　2　2つ　　　　　　3　3つ　　　　　　4　4つ

問2 日本文化に触れたいと考えている人に合っているイベントはどれか。

　　1　e　　　　　　2　f　　　　　　3　g　　　　　　4　h

Ⅱ ◆募集 b　食生活の改善指導と調理実習を行います
will provide guidance on eating habits and cooking practice
指导改善饮食生活及进行烹饪实习活动　식생활 개선 지도와 조리 실습을 합니다

p.86〜p.87の答え：Ⅰ.2　　Ⅱ.1　　Ⅲ.1

学習日

月　日（　）

🌸 問いから読もう！②

例えばよくこんな問いがあります。

◆ ○○の場合
◆ ○○のときは

─ どうすればいいか。
　 どうなるか。
　 どれか。
─ 何に注意すればいいか。

困ったときは

故障かな？

★問いに書かれている条件や内容をしっかり理解して、合う情報を見つけよう。

▶答えは p.93、解説は別冊 p.7

I 下の表はプリンターの操作マニュアルの一部で、困ったときの対処方法である。

用紙の不一致	本製品の画面で選択した用紙サイズが、トレイにセットされている用紙サイズと一致していることを確認し、用紙を正しい向きにセットし、用紙ガイドを使用する用紙サイズの表示に合わせて調節する。
用紙詰まり	詰まっている紙を破れないように取り除き、用紙ガイドが正しい用紙サイズに調整されていることを確認する。 用紙トレイをゆっくりと押して、製品に確実に取り付ける。 用紙や異物がある場合は、製品から用紙トレイを引き抜き、詰まっている用紙や異物を取り除く。

問い 次の文で正しいのはどれか。

　1　トレイの用紙サイズが印刷する用紙と違う場合は、用紙詰まりの原因になる。

　2　用紙ガイドを正しい用紙サイズに調整すると、用紙の不一致は起こらない。

　3　トレイの用紙と印刷する用紙のサイズが一致していても、用紙の不一致になる。

　4　用紙ガイドを正しい用紙サイズに調整しないと、用紙詰まりが起きることがある。

II 次の文は、通信販売会社「タマキ」の支払方法に関する解説文である。

◆代金のお支払い方法について……以下のお支払い方法からお選びいただけます。

A．代金引換
- 商品お受け取りの際、配送業者に代金＋送料＋代引手数料のお支払いをお願いいたします。
- ご注文が3000円以下の場合、代引手数料として210円を申し受けます。
- 10万円を越えるご注文の場合、代金引換は選択できません。

B．郵便・コンビニ振込
- 振込用紙を郵送いたしますので、到着後1週間以内に郵便局またはコンビニにてお支払いください。
- 振込手数料は当社が負担いたします。
- ご入金後の発送とさせていただきます。（入金の確認にはご入金後、3～5日かかります）

C．銀行振込
- みどり銀行寺山支店　（普通）XXXXXXX　カ)タマキ
- ご注文後、当社よりご入金先のご案内メールをお送りいたしますので、ご確認後、お振込みください。
- 振込手数料はお客様のご負担となります。
- ご入金後の発送とさせていただきます。（入金の確認にはご入金後1～2日かかります）

D．クレジットカード
- タマキカードをご利用の場合のみ、リボ払い（※）がご利用いただけます。
- その他のカードをご利用の場合、一括払いのみとなります。

（※）リボ払い：revolving payments　定額分期付款　분할 결제

問1　2500円分の注文をする場合、手数料をかけずに支払える方法はどれか。

1　1つ　　　2　2つ　　　3　3つ　　　4　1つもない

問2　11万円の商品をできるだけ早く手に入れたい場合にはどの方法を選んだらよいか。

1　A　　　2　B　　　3　C　　　4　D

グラフを読む①

グラフを見て正しい説明文を選ぶ

✿ グラフ問題でよく使われる表現を覚えよう！

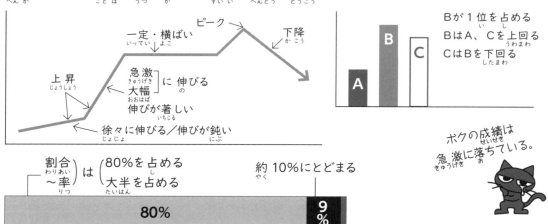

変化を意味する言葉…移り変わり、推移、変動、動向

ピーク

一定・横ばい

下降

上昇

急激 に 伸びる
大幅
伸びが著しい

徐々に伸びる／伸びが鈍い

Bが1位を占める
BはA、Cを上回る
CはBを下回る

割合
～率 は (80%を占める
大半を占める

約10%にとどまる

80%　　9%

ボクの成績は
急激に落ちている。

▶答えは p.95、解説は別冊 p.7

Ⅰ　右のグラフは、日本の国民が今後の生活がどうなっていくと考えているか、について調査した結果である。

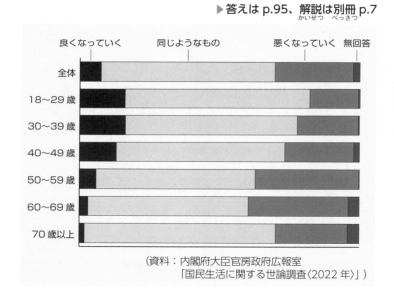

良くなっていく　　同じようなもの　　悪くなっていく　無回答

全体

18〜29歳

30〜39歳

40〜49歳

50〜59歳

60〜69歳

70歳以上

（資料：内閣府大臣官房政府広報室
「国民生活に関する世論調査〈2022年〉」）

問い　グラフの説明として正しくないのはどれか。

1　「無回答」は、年齢が高くなるにつれて多くなる。

2　30歳以下は「良くなっていく」と「悪くなっていく」がほぼ同じである。

3　「悪くなっていく」と答えている人は50代・60代に多く見られる。

4　全体的に「同じようなもの」と答えた人は半数以上を占めている。

Ⅱ 次のグラフは、日本の年齢階級別人口構成(1950年、1985年、2020年)を表したものである。

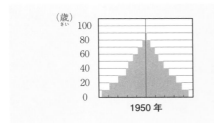
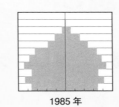
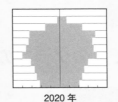

(資料：総務省統計局「国勢調査」)

問い 上のグラフについて、正しく説明しているのはどちらか。

1 若年齢層の割合は、1950年には高く、その後、近年になるほど低下し、逆に高年齢層は比率を高めている。

2 1950年には富士山型と呼ばれるように、若年齢層が圧倒的に多かったが、年々減少し、その割合は高年齢層と逆転し、2020年には逆富士山型に変化している。

Ⅲ 次のグラフは、衆議院議員総選挙における年齢別投票率を表したものである。

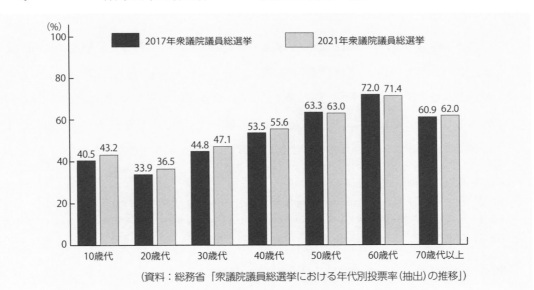

(資料：総務省「衆議院議員総選挙における年代別投票率(抽出)の推移」)

問い 上のグラフについて、正しく説明しているのはどれか。

1 どちらの年も60歳未満は年齢の上昇とともに投票率が伸びている。

2 どの年齢も2017年より2021年の投票率が低下している。

3 どちらの年も若年に比べて中高年の投票率が高くなっている。

4 2021年は10歳代の投票率が20歳代、30歳代を上回った。

---

p.90～p.91の答え：Ⅰ.**4**　　Ⅱ 問1.**2**　　問2.**4**

グラフを読む②

いくつかあるグラフから一つを選ぶ

❀それぞれのグラフの特徴に注意しよう！

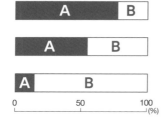

★次の語句の意味の違いに注意しよう。

2分の1に満たない　＝　50％より少し少ない

半数に達する　＝　50％になる

半数を上回る　＝　50％より少し多い

過半数　＝　50％以上

右の線は色が濃いね！真ん中は点線だ！

そうじゃなくて形を見るんだよ。

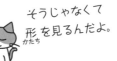

▶答えは p.97、解説は別冊 p.7

I 次の文章は日本の死因別死亡率（2022年調査）について述べたものである。

　　日本の主要死因の一つに、2019年より「老衰（※1）」が加わった。死因の1位、2位は、これまでと同様、「悪性新生物（腫瘍）（※2）」「心疾患（高血圧性を除く）（※3）」だったが、これまでの3位だった「脳血管疾患（※4）」が4位になり、「老衰」が3位となった。死因としての「老衰」はこの十数年、上昇し続けている。1位から4位までの死亡を合わせての死亡率は、近いうちに、全体の60％を超えるだろうと言われている。

（※1）老衰：sanility　衰老　노쇠
（※2）悪性新生物（腫瘍）：malignant neoplasm (tumor)　恶性新生物（肿瘤）　악성 신생물（종양）
（※3）心疾患（高血圧性を除く）：cardiac disease (excluding hypertensive)　心脏病（除高血压性）　심질환（고혈압성을 제외）
（※4）脳血管疾患：cerebrovascular diseases　脑血管疾病　뇌혈관 질환

問い　次のグラフで、この文章に合うものはどれか。

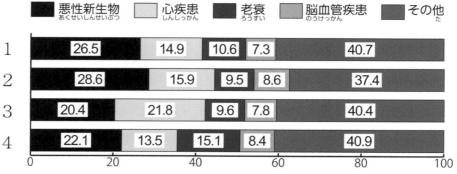

凡例：悪性新生物　心疾患　老衰　脳血管疾患　その他

	悪性新生物	心疾患	老衰	脳血管疾患	その他
1	26.5	14.9	10.6	7.3	40.7
2	28.6	15.9	9.5	8.6	37.4
3	20.4	21.8	9.6	7.8	40.4
4	22.1	13.5	15.1	8.4	40.9

（資料：厚生労働省「人口動態統計」）

Ⅱ　次の文章は日本の大学への進学率に関する調査の結果より、推移について述べたもので
ある。

　　大学進学率は、男子は 1960 年時点で 13.7%、女子は 1960 年時点で 2.5% だった。
男女とも 1975 年ごろまでは急激に伸びたが、その後、女子の進学率はほぼ横ばい状態
（※）、男子の進学率は少し低下した。しかし、80 年代中盤以降からは、男女とも進学率
は右肩上がりで上昇し、特に女性の進学率の伸びが顕著で、1984 年には 12.7% だった
のが、2020 年には 50.9% になっている。男性の大学進学率は 2010 年に 56.4% になっ
たが、その後は横ばい状態が続いていて、2020 年には、57.7% になって、男女の大学
進学率の差が縮まっている。

（※）横ばい状態：trending sideways　持平状态　답보 상태

問い　次のグラフで、この文章に合うものはどれか。

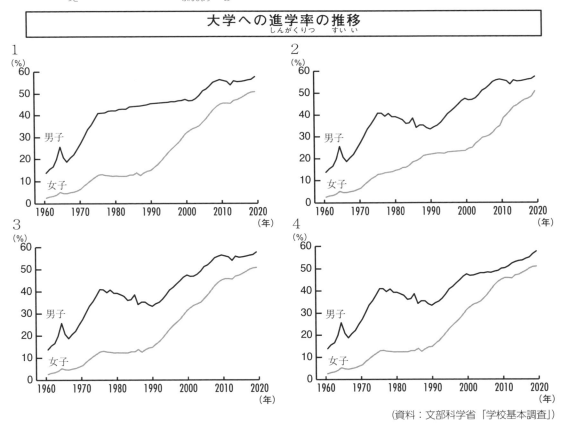

大学への進学率の推移

（資料：文部科学省「学校基本調査」）

・・

Ⅱ　3〜4 行目　80 年代中盤以降からは、……進学率の伸びが顕著
　　From the mid-1980s onward, the matriculation rate for both men and women has been rising steadily, with particularly strong
　　growth in the matriculation rate for women.
　　自 80 年代中期开始，男性女性的升学率均稳步上升，特别是女性升学率的提升尤为明显
　　80 년대 중반 이후부터는 남녀 모두 진학률이 점차 상승하였으며 특히 여성의 진학률 증가가 두드러짐

p.92〜p.93の答え：Ⅰ. 1　　Ⅱ. 1　　Ⅲ. 3

情報を正しく読み取ろう！

まとめの問題

問題1　次の文章は、大山さんに届いたメールである。下の問に対する答えとして、最もよいものを
　　　　1・2・3・4から一つ選びなさい。

🔊 No.43

1　このメールからわかることはどれか。

1　大谷さんは山下さんと話したことを覚えていないかもしれない。

2　山下さんはいろいろな楽器を弾くことができる。

3　山下さんはFABピアノのユーカリモデルの音を聞きたい。

4　大山さんは自宅のスタジオでピアノコンサートをしたことがある。

2　このメールの件名として適当なものはどれか。

1　(株)マルク　スタジオ訪問希望の件

2　(株)マルク　スタジオ利用希望の件

3　(株)マルク　シンセサイザーの音の作成の件

4　(株)マルク　シンセサイザーの音のデータの件

大山 愛 様

突然のメールで失礼いたします。

私、電子楽器メーカーの（株）マルクでサウンド開発の仕事をしている山下健一と申します。

もう10年以上も前のことなので、覚えていらっしゃらないと思いますが、大山さんが新宿でバイオリンの大谷美和さんとコンサートをされたときに、実は大山さんとお話ししたことがあります。私は大谷さんとは昔からの友人で、そのコンサートが終わってからの打ち上げに参加させていただきました。

私の仕事は、シンセサイザーなどの音を作成する仕事で、いかにもシンセらしい音からピアノやストリングスといった生楽器の音まで幅広く音を作成しています。ピアノは各有名メーカーの録音をしてきましたが、FABピアノのサウンドの素晴らしさに驚きました。ショールームにも何度となく出かけ、FABジャパンの社長や調律師の方々から色々と話を聞いたり、音のデータも取らせていただいたりしました。

最近、FABのユーカリモデルがあることを知り、社長の話では特別モデルのためほとんど生産されていないとのこと、そして、大山さんがご自身のスタジオに導入されたということをお聞きしました。一度そちらのスタジオにお邪魔してお話を伺いたい、そして、ユーカリモデルの音を聞いてみたいと思いました。このような願いを聞いていただくことは可能でしょうか。

もし可能なら、今月中の平日の午後に2時間ほど時間を作っていただけると幸いです。サウンド開発のスタッフ3〜4人で伺いたいと思っています。

ご連絡お待ちしております。

（株）マルク　サウンドデータ開発課
山下健一

p.94〜p.95の答え：Ⅰ. 1　　Ⅱ. 3

次のＡとＢはそれぞれ別の映画館のポイントカードについての案内である。ＡとＢの両方を読んで、下の問いに対する答えとして、最もよいものを１・２・３・４から一つ選びなさい。

🔊)) No.44

3 これから１年間、毎月１回映画を見る予定のある一般の人はどちらのポイントカードを利用すると映画料金が得か。映画料金は右のとおりである。

1　Ａのほうが得である。

2　Ｂのほうが得である。

3　同じだけ得になる。

4　どちらも得にはならない。

チケット（映画鑑賞券）
一般　　2,000 円
大高生　1,700 円
小人　　1,000 円（3 歳以上中学生以下）
シニア　1,500 円（65 歳以上）

4 正しくないのはどれか。

1　ＡもＢもインターネットでチケットを買うことができる。

2　カードなしの入会方法ができるのはＡだけである。

3　ＡもＢも飲み物などに使える特典がある。

4　ＡもＢも入会時にもらえる券を初めて見るときに使うことができる。

A

マイケルシネマ ポイントカード

入会金なし！いろいろなクーポン券あり！

・入会金：無料　　年会費：1,000 円

・カードなしの WEB 会員、カードありのカード会員、お好きな方を選べます！

・入会時に 1,000 円で観賞できるクーポン券がもらえます。（入会当日利用可）

・１回見ると１ポイントたまり、６ポイントで、１回無料になります。

・売店で使えるドリンクやポップコーンのクーポン券あり

・一般販売より先にインターネットで購入できます。

　（会員は一般販売の３時間前より購入可能。）

B

第1週

第2週

第3週

第4週

第5週

第6週

シネマフォレスト　ポイントカード

入 会 金 ：　1,000 円　※年会費は無料です。

　　　　　　※オンラインで入会申し込みの場合、チケットカウンターで入会金を支払い、

　　　　　　カードを受け取ってください。

有効期限 ：　期限は無期限ですが、1 年以上ご来場がない場合は無効となります。

　　　　　　無効となった場合は、新たに入会金が必要になります。

特典1 **入会時に無料鑑賞券をプレゼント！**

さらに、学生、シニア（65 歳以上）のお客様にはポップコーンを
プレゼント。

※ 無料鑑賞券は入会当日にはご利用いただけません。

特典2 **シネマポイントで特典いろいろ！**

映画を 1 本有料でご鑑賞になるたびに 1 ポイントがたまります。

★2 ポイントでソフトドリンク（S）を！

★3 ポイントでポップコーンを！

★6 ポイントで無料観賞券を 1 枚プレゼント

特典3 **イベント、映画の試写会にご招待！**

※抽選制ですので、ネットの情報をご覧の上、お申し込みください。

特典4 **チケットの早期（一般より 3 時間前）のネット購入が可能！**

ご入会に関するお問い合わせ・お申し込みは当館窓口へ

北極と南極、どちらが寒い？

　北極と南極は、どちらも氷で覆われていて、とても寒い地域ですが、どちらのほうが寒いでしょうか？　北極の平均気温はマイナス30度で、一方、南極はマイナス60度です。南極のほうが寒いのです。なぜでしょうか。

　これは比熱が違うからです。比熱とは1グラム当たりの物質の温度を1度上げるのに必要な熱量です。南極は氷の下に大陸があります。北極には大陸はなく、氷の海だけです。陸は海の4分の1しか比熱がありません。つまり、水は温まりにくく冷えにくく、陸は温まりやすく冷えやすいので、大陸のあるほうが冷えるのです。

　また、北極の氷の厚さは10メートルくらいですが、陸地である南極は雪が積もると解けずにどんどん重なって厚い氷になります。この氷、平均で2000メートル以上、いちばん厚いところでは、4000メートル以上にもなります。つまり場所によっては日本の富士山（3776メートル）よりも高いということです。富士山の山頂が夏でも寒いように、標高が高いところは気温が下がりますから、南極のほうがずっと寒いというわけです。

☆北極にいる北極グマより、南極にいるペンギンのほうが寒さに強いということでしょうか。

Which is colder, the North Pole or the South Pole?
Both places are covered with ice and are very cold, but which one is colder? The average temperature at the North Pole is minus 30℃, while it is minus 60℃ in the Antarctic, thus it is much colder in the Antarctic. Why?
It is because of the difference in the specific heat in these areas. Specific heat means the energy required to raise 1 gram of a substance by 1℃. The Antarctic continent lies under the ice. There is no land at the North Pole, only icy sea water. The specific heat of land is only one quarter of that of sea water. This means it takes longer for the ocean to warm up and to cool down compared to land.
The ice at the North Pole is roughly 10 meters thick while the ice in the Antarctic tends to get thicker and thicker as the snow piles on the ground. The average thickness of the ice is over 2000 meters and the thickest part could be over 4000 meters. That means in some places the thickness of the ice could be greater than the height of Mr. Fuji (3776 meter). The temperature at higher altitudes is always lower. As you know, the temperature at the top of Mr. Fuji is low even in the summer, thus it is colder in Antarctic than at the North Pole.
☆ Does this mean that penguins in the Antarctic can better bear the cold than polar bears?

北极与南极哪边更冷？
　北极与南极都是被冰雪覆盖的寒冷地区，究竟哪边更冷呢？
　北极的平均气温是零下30度，而南极为零下60度，所以南极更冷。为什么呢？
　这是因为比热的不同。所谓比热，是指提高每克物质的温度1度时所需要的热量。南极的冰雪下面是大陆，而北极没有大陆，只有浮冰和海洋，陆地的比热只有海洋的4分之1，也就是说，水不容易升温也不容易降温，而陆地则容易升温也容易降温，所以大陆那边更冷。
　此外，北极冰的厚度只有10米左右，而在陆地的南极，积雪不化，且越积越厚，堆压成冰，这样的冰平均有2000米以上，最厚的地方竟有4000米以上，也就是说有些地方的冰要比日本的富士山（3776米）还高。富士山的山顶即使在夏季也很冷，这是因为海拔高的地方气温就低，所以说南极那边会更为寒冷。
☆如此看来，与生活在北极的北极熊相比，生活在南极的企鹅是不是更能抗寒？

북극과 남극 , 어느 쪽이 추울까 ?
　북극과 남극은 , 어느 쪽도 얼음으로 뒤덮여 있어 , 몹시 추운 지역입니다만 , 어느 쪽이 추울까요 ? 북극의 평균 기온은 마이너스 30 도이고 , 한편 , 남극은 마이너스 60 도입니다 . 남극 쪽이 춥습니다 . 왜일까요 ?
　그것은 비열이 다르기 때문입니다 . 비열이란 , 물질 1 그램의 온도를 1 도 올리는 데 필요한 열량입니다 . 남극은 얼음 밑에 대륙이 있습니다 . 북극은 대륙이 아니라 얼음 바다입니다 . 땅의 비열은 바다의 4 분의 1 밖에 되지 않습니다 . 즉 , 물은 따뜻해지기 어렵고 차가워지기 어렵고 , 땅은 따뜻해지기 쉽고 차가워지기 쉽기 때문에 , 대륙이 있는 쪽이 추운 것입니다 .
　또한 북극의 얼음의 두께는 10 미터 정도입니다만 , 육지가 있는 남극은 눈이 쌓이면 녹지 않고 점점 쌓여 두꺼운 얼음이 됩니다 . 이 얼음 , 평균적으로 2000 미터 이상 , 가장 두꺼운 곳은 4000 미터 이상이나 됩니다 . 즉 , 장소에 따라서는 후지 산 (3776 미터) 보다 높다는 것입니다 . 후지 산의 산꼭대기는 여름에도 추운 것처럼 , 표고가 높은 곳은 기온이 내려가니까 , 남극 쪽이 훨씬 춥다는 이유입니다 .
☆북극에 있는 북극곰보다 , 남극에 있는 펭귄 쪽이 추위에 강하다는 것이 되겠지요 .

長文を読もう！
ちょうぶん

長文の読み方
ちょうぶん

✿2回読むつもりで読もう－全体を通しての読むテクニック－
ぜんたい

✤1回目……ひととおりざっと読む

① いくつの段落に分けられているかを見る。
だんらく

② 繰り返し出てくる言葉を探す。　▶登場回数がいちばん多いのがキーワードである。
く かえ　　ことば さが　　　　とうじょうかいすう

③ どの段落に「結論」が書かれているかを見つける。
けつろん
　▶「このように」「要するに」「つまり」などの言葉の後、結論を言う場合が多い。
　　　　　　よう　　　　　　　　　　　　　　あと

④ テーマが何であるか、だいたいの見当をつける。
けんとう
　▶知らない言葉があっても、気にせず読み進めていくこと。

✤2回目……解答しながら読む
かいとう

① 最初の問いを読み、何を問われているかを理解する。
さいしょ と　　　　　　　　　　　りかい

② 四つの選択肢をざっと読んでおく。
せんたくし

③ 問いに関係がありそうな部分に特に注意しながら読み、解答していく。
かんけい　　　　ぶぶん

④ 次の問題も①、②、③の要領で解いていく。
つぎ　　　　　　　　　　ようりょう と

✿鉛筆で印を付けたり、メモを書いたりしよう－内容理解のためのテクニック－
えんぴつ しるし つ　　　　　　　　　　　　　ないようりかい

◆ キーワードに ◯ を付けていく。（たいてい名詞であるが、動詞のときもある。）
めいし　　　　　どうし
　キーワードがいくつかある場合は、最重要キーワードに ◎ 、ほかは ◯ をつける。
さいじゅうよう

◆ 理解できなかった文に ＿＿ を引いて ？ を付けておく。▶あとでもう一度読み返す。
りかい　　　　　　　　　　　　　　　　　　　　　　　　　かえ

◆ 段落ごとに簡単な要旨をその段落の横にメモする。
だんらく　　かんたん ようし　　　　だんらく よこ

◆ 重要だと思われる文（キーセンテンス）に 〜〜 をつける。
じゅうよう

◆ 登場人物に ▢ をつける。
とうじょうじんぶつ

◆ 指示語や代名詞はどれを指しているか矢印を付ける。（…◇◇。それは…）
しじご だいめいし さ　　　　　やじるし つ

◆ 「　」の部分はだれが言ったか、メモをする。（「……」）
ぶぶん　　　　　　　　　　　　　　　筆者

◆ 接続詞に △ を付ける。
せつぞくし
　▶印は何でもよいが、あとで見てわかりやすいものにしよう。
　　しるし

✿注や質問を先に読もう－時間がない場合に早く読むテクニック－
ちゅう しつもん

◆ 長文を読む前に、下に書いてある（※）を先に見る。
ちょうぶん
　▶その言葉の意味を知っておくと安心感がある。また、ヒントになることがある。
　　ことば

◆ 長文を読む前に、問いの全部をざっと読んでおく。　▶解こうと思わないこと。
ぜんぶ　　　　　　　　　　　　　　　と

では、次の文章を鉛筆を持ちながら、左のページに書いたテクニックに従って読みましょう。問題は 105 ページにあります。左ページや「ヒントと解説」の部分は見ないで解いていきましょう。

問題 次の文章を読んで、後の問いに答えなさい。答えは、1・2・3・4から最も適当なものを一つ選びなさい。

▶答えは p.107、解説は別冊 p.7

　　騒音のうるさい電車などの中でも会話ができる。うるさいとは思うけれども、相手の言うことは何とか聞きとっている。聞きとれぬ部分は見当をつける。しかし、テープレコーダーで録音してみると、会話がほとんど聞きとれないことに驚くのである。この差は人間の耳と機械の耳の相違による。人間の耳は自分の欲する音声を選び出し、①それを増幅して(※1)キャッチし、欠損部は、補塡する(※2)。それに対して、機械は音声も騒音もわけへだて(※3)しないで公平に記録してしまう。これによっても、人間の耳はあるがまま(※4)のものを聞くのではなく、必要と感ずるものだけを聞く器官であることがはっきりする。必要がないと思えば②馬耳東風、聞けども聞こえずになる。

　　何日も病気の子供の看病をしている母親があるとする。看病の疲れでまどろみがち(※5)になるだろう。うとうとしている時、台所で物の落ちる大きな音がしても、彼女はまるで反応を示さず居眠りを続ける。ところがそのあと、病児がかすかな声を出すと、母親はとたんに眼を見開く。この母親には、台所の物音などはどうでもよいが、病児のちょっとした変化でも③重要な意味をもっていて、居眠りをしながらも子供には注意が向けられているのである。

　　このように、人間の認識は外界の刺激のあるがままに忠実に反応して得られるものではない。われわれが理解したと思っているのは、対象のコピーではなく、あらかじめ(※6)もっている関心によって選択された情報によってつくられたものである。(中略)忠実な録音テープと比較すれば、人間の理解はデフォルメ(※7)された状況認識、いいかえれば、一種の誤解であることがはっきりするはずである。

(外山滋比古『省略の文学』中央公論社による)

（※1）増幅する：amplify　増幅　증폭되다　　　　（※2）補塡する：compensate　填补　보충하다
（※3）わけへだて：distinction　区别对待　차별을 두다　　（※4）あるがまま：as it is　原模原样　있는 그대로
（※5）まどろみがち：prone to sleepiness　容易打瞌睡　좋다
（※6）あらかじめ：in advance　事先　미리　　　　（※7）デフォルメ：deformation　变形　데포르메

まとめの問題（p.96 〜 p.99）の答え：問題1 |1| **3** 　|2| **1** 　　問題2 |3| **2** 　|4| **4**

問題 次の文章を読んで、後の問いに答えなさい。答えは、1・2・3・4から最も適当なものを一つ選びなさい。

主題

人間の耳と機械の耳の違い　必要なものだけ聞く

騒音のうるさい電車などの中でも会話ができる。うるさいとは思うけれども、相手の言うことは何とか聞きとっている。聞きとれぬ部分は見当をつける。しかし、テープレコーダーで録音してみると、会話がほとんど聞きとれないことに驚くのである。この差は人間の耳と機械の耳の相違による。人間の耳は自分の欲する音声を選び出し、①それを増幅（※1）してキャッチし、欠損部は、補塡する（※2）。それに対して、機械は音声も騒音もわけへだて（※3）しないで公平に記録してしまう。これによっても、人間の耳はあるがまま（※4）のものを聞くのではなく、必要と感ずるものだけを聞く器官であることがはっきりする。必要がないと思えば②馬耳東風、聞けども聞こえずになる。

母親はつねに病児に注意を向けている

何日も病気の子供の看病をしている母親があるとする。看病の疲れでまどろみがち（※5）になるだろう。うとうとしている時、台所で物の落ちる大きな音がしても、彼女はまるで反応を示さず居眠りを続ける。ところがそのあと、病児がかすかな声を出すと、母親はとたんに眼を見開く。この母親には、台所の物音などはどうでもよいが、病児のちょっとした変化でも③重要な意味をもっていて、居眠りをしながらも子供には注意が向けられているのである。

結論

人間は情報を選んで理解している

このように、人間の認識は外界の刺激のあるがままに忠実に反応して得られるものではない。われわれが理解したと思っているのは、対象のコピーではなく、あらかじめ（※6）もっている関心によって選択された情報によってつくられたものである。（中略）忠実な録音テープと比較すれば、人間の理解はデフォルメ（※7）された状況認識、いいかえれば、一種の誤解であることがはっきりするはずである。

（外山滋比古『省略の文学』中央公論社による）

15〜17行目　人間の認識は、……つくられたものである。
We do not respond in the same manner to all stimuli. What we perceive is not exactly the same as what is actually there, it is the result of the selection of information based on our interests.
人类认知并不是通过对外界刺激完全忠实的反应而得到的。我们认为理解到的事物，并不是复印对象，而是预先根据自己所关心的事物，把选择的信息加以整理而来的。
충실한 녹음 테이프와 비교를 하자면，인간의 이해는 데포르메（의식적으로 과장 혹은 변형시켜 표현하는 것）된 인식，즉，일종의 오해라는 것이 명백해질 것이다．

17〜19行目　忠実な録音テープと……はっきりするはずである。
If you compare it with a recorded tape, what we perceive is a deformed image, and you could say it is a kind of misunderstanding.
如果与忠实的录音带相比较，人类理解则是夸大其特征，说明白了就是一种误解。
인간의 인식은 외부의 자극을 그대로 받아 반응함으로서 얻어지는 것이 아니다．우리들이 이해했다고 생각하고 있는 것은 대상의 복사판이 아니라，이전부터 관심이 있어 선택된 정보에 의해 만들어지는 것이다．

問1　①それは何を指すか。
さ

1　人間の耳

2　機械の耳
きかい

3　自分の欲する音声
ほっ　　おんせい

4　聞きとれない部分
ぶぶん

問2　②馬耳東風とはどういう意味か。
ばじとうふう

1　必要と感じること
ひつよう

2　聞こえても気にしないこと

3　はっきりすること

4　わけへだてなく聞くこと

問3　③重要な意味をもっているのは何か。
じゅうよう

1　台所の物音
だいどころ　ものおと

2　看護
かんご

3　病児の声
びょうじ

4　居眠り
いねむ

問4　この文章の内容と合わないものはどれか。
ぶんしょう　ないよう　あ

1　騒音の中でも会話できるのは、人間の耳の正確
そうおん　　　　　　　　　　　　　　　　　　せいかく
さによる。

2　人間は興味や関心によって外界の刺激に反応し、
きょうみ　かんしん　　　　がいかい　しげき　はんのう
理解する。
りかい

3　テープレコーダーは、あるがままのものを公平
こうへい
に録音する。
ろくおん

4　人間の耳は、音の大きさに関係なく必要とする
かんけい　　ひつよう
ものに反応する。

問1

▶ 答えを選んだら、それをその指示語の
えら　　　　　　　　　　　しじ
部分に当てはめて読んでみよう。
ぶぶん　あ

問2

▶ このような難しい言葉は、文中で説明
むずか　ことば　ぶんちゅう
している場合がよくあるので、探して
さが
みよう。
「聞けども聞こえず」つまり、聞こえて
いるが聞いていない。

問3

▶ 前後にきちんと書いてある。
「台所の物音」はどうでもよいが、「病
だいどころ　ものおと　　　　　　　びょう
児の変化」が重要な意味をもっている。
じへんか　じゅうよう

問4

▶ 問いを注意して読むこと。
「合う」ものではなく、「合わない」も
あ　　　　　　　　　　　あ
のを選ぶ。
えら

▶ 常識や自分の考えで判断しないこと。
じょうしき　　　　　　　　はんだん
関係のありそうな部分を探してよく読
かんけい　　　　　　ぶぶん　さが
む。

1 正確さによるものではなく、必要なも
せいかく　　　　　　　　　　ひつよう
のだけを聞いているからである。
2 第3段落に書いてある。
だい　だんらく
3 第1段落に書いてある。
4 第2段落に書いてある。

小説

問題　次の文章を読んで、後の問いに答えなさい。　　　▶答えは p.109、解説は別冊 p.8

「昨夜、悪魔がやってきました」と、患者は医者にいった。「癌で死にかけているわたしに、地獄へ落ちてもいいのなら、もっと生き続けさせてやるという取り引きを①申し出たのです。もちろん、わたしは喜んでこの申し出を受けましたよ。わたしはまだ生き続けなきゃならんのです。仕事がありますのでね」

そこは癌研究所の患者病棟の一室だった。

医者は、この患者のことばに、あまり驚かなかった。死期の迫った患者の妄想だろうと判断したのである。なにしろこの患者は、ただ胃癌であるというだけではなくその癌が食道や肝臓へも移っていて、②死ぬのは時間の問題だと思われていたからである。

ところがそれから一カ月が経ち、二カ月経っても、患者は死ななかった。それどころではない。入院当初は半死半生だったこの患者はますます血色がよくなり、元気になってきたのだ。しかも癌はどんどん彼の全身に拡がり、彼の内臓の器官すべてに移り、今や人間のからだの中に癌があるというよりは、癌が人間の形をしているといった方が早いというような状態になった。医者は診断のしようがなく、これにはただ、あきれるばかりだった。

ついに癌が、患者の全身を占領した日、完全に元気をとり戻した患者は、医者に退院の許可を求めた。

「まあ、元気なんだから退院したっていいんですがね」③医者は首をひねりながら答えた。

「しかし不思議だなあ。あなたは本当ならもうとっくに死んでなきゃ、いけないんですがねえ」

「わたしは、それほど不思議とは思いませんね」患者は健康そうに朗らかな笑いを見せ、医者にいった。「ほら、昔バンパイヤ（吸血鬼）というのがいたでしょう。あの連中は、④血を吸いとられることによって永遠の生命を得たのです。わたしも、全身を癌に侵されたため、完全に癌と一体になり、もしかすると、これで永遠の生命を得たのかもしれないのです」

啞然としている（※）医者に向かって、患者はさらにいった。

「ところで、ながい間病人用の食事だったもので、腹が猛烈に減っています。いかがでしょう。この病院の患者の体内から切除した肉腫を――つまりその、癌を、少しゆずっていただけないでしょうか」

（筒井康隆『くたばれＰＴＡ』新潮社による）

（※）啞然としている：be stunned　呆住　아연하다

問1　①申し出たのはだれか。

1　患者
　　かんじゃ

2　医者
　　いしゃ

3　悪魔
　　あくま

4　わたし

問2　②死ぬのは時間の問題とはここではどのような意味か。

1　いつ死ぬかはわからない

2　もうすぐ死ぬ

3　死ぬ時間が問題である

4　死ぬまで時間がかかる

問3　③医者は首をひねりながら答えたとあるが、医者の気持ちは次のどれか。

1　まだ退院するには早すぎる。
　　たいいん

2　退院できるぐらい元気なのが不思議である。
　　　　　　　　　　　　　　　ふしぎ

3　本当は元気ではないので心配である。

4　医者の言うことを聞かないので腹立たしい。
　　　　　　　　　　　　　　　　はらだ

問4　④血を吸いとられることとあるが、この癌患者にとって、それは何にあたるか。
　　　　ち　す　　　　　　　　　　　　　　　　　　がんかんじゃ

1　癌の治療を受けること
　　　ちりょう　う

2　全身を癌に侵されること
　　ぜんしん　　おか

3　癌患者の生命を得ること
　　　　　　せいめい　え

4　病人用の食事を食べること
　　びょうにん

1～2行目　癌で死にかけているわたしに、……申し出たのです。
I was offered a deal where I, dying of cancer, would be able to continue living if I didn't mind going to hell.
对得了癌症快要死的我提议说，如果你觉得可以用下地狱作交易条件的话，我就可以让你多活一些日子。
암으로 거의 죽음에 처한 나에게, 지옥에 떨어져도 좋다면, 더 살게 해 준다는 거래를 제의했다.

6～7行目　死期の迫った患者の妄想だろうと判断したのである。
He interpreted it as a delusion of a dying patient.
因为他们判断这大概是临死的患者所产生的妄想。　죽음이 임박한 환자의 망상일 것이라고 판단했던 것이다.

---

p.103～p.105の答え：問1. **3**　　問2. **2**　　問3. **3**　　問4. **1**

第6週

3日目

長文を読もう！

🔊 No.47

学習日

月　日（　）

エッセイ①

問題　次の文章を読んで、後の問いに答えなさい。

▶答えは p.111、解説は別冊 p.8

　京都市でごみの分別が開始されてもう随分年月が経つので、大抵のものはサクサク(※1)と分けられるようになったが、プラスチックと紙が合体したようなお弁当箱、段ボール箱や化粧箱などを解体(※2)している時には、焼き損じた作品(※3)を割っている時のような、①ちょっと空しい気持ちになる。それらの製造工程をよくは知らないけれど、機械もしくは誰かがせっせと組み立てた箱たちは役割が終わればすぐさま解体され、リサイクル材料として旅立ってゆく。きれいに作られた紙箱を解体しながら、これは誰が作ったのだろうなどと考えてしまうのだ。

　家事も仕事もこなす宗哲姉(※4)も、日々不要になった物をせっせと分類している。プラスチック容器はきれいに洗い、段ボール箱や紙箱を解体し、郵便物に付いている個人情報を剥がしたり塗りつぶしたり、と作品作りとは違う誰にも知られない密かな作業を真面目に続けているようだ。

　私達が分けきれなかった資源ごみは、また誰かの手によって細かく分別され、リサイクル業者を経て新たな物に生まれ変わるようなので、私もその方達になるべく面倒をかけないようにと気をつけてごみを出すようにしている。

　五十数年前、東京から京都の旧家にお嫁に来られた方が、お姑さんに②「このごもくほかしといて」と言われ、数日後、「あのごもくほかしておいてくれたか？」と聞かれた時に「はい、保管してありますよ」とお返事をされた。その方の脳内では「ごもく」＝「五目」＝「何か良い物」、「ほかしといて」＝「保管しといて」と変換され、お姑さん(※5)のごもくを大切に保管しておかれたそうである。

　これは京言葉の笑い話によく出てくる言葉で「ごもく」はもちろん「ごみ」のことで「ほかしといて」は「捨てておいて」ということである。この素敵な勘違いのように、③誰かのごもくが誰かの宝物になる世の中が、もっともっとあたりまえになるように、これからも④密かな作業を黙々と(※6)続けていきたい。

（諏訪蘇山「密かな作業」『茶道雑誌 2023 年 4 月号「雨過天青 (32)」』河原書店による）

（※1）サクサクと：promptly　麻利　제꺽제꺽
（※2）解体する：break down　分解　해체하다
（※3）焼き損じた作品：misfired pottery　燒壞的作品　잘못 구워낸 작품
（※4）宗哲姉：筆者の姉、中村宗哲さん。茶道の道具を作る専門の人。
（※5）お姑さん：mother-in-law　岳母　시어머니
（※6）黙々と：silently　默默地　묵묵히

問1　①<u>ちょっと空しい気持ちになる</u>のはなぜか。

1　誰かがせっせと組み立てたのに、役割が終わればすぐ解体されるから。

2　せっかく焼いた作品も、焼き損じたら割らなければならないから。

3　プラスチックと紙が合体したようなお弁当箱などは分別できないから。

4　きれいに作られた紙箱は、誰が作ったのか考えてもわからないから。

問2　②<u>「このごもくほかしといて」</u>の正しい意味はどれか。

1　この大切なものを保管しておいて

2　この中のいいものを選んでおいて

3　このゴミを分別しておいて

4　このゴミを捨てておいて

問3　③<u>誰かのごもくが誰かの宝物になる</u>、とはどういうことか。

1　ゴミが捨てられずに大切に保管されて残される、ということ

2　ゴミを捨てないで芸術作品作りに利用する、ということ

3　不要になったものを皆が持ち寄って交換し合う、ということ

4　資源ごみがリサイクルされて新たな物に生まれ変わる、ということ

問4　④<u>密かな作業</u>、とは何か。

1　京言葉の笑い話を聞き集めて書き残す作業

2　筆者や姉が続けている資源ごみの分別作業

3　ゴミの分別が正しくできているか調べる作業

4　失敗した作品を割らないで修復する作業

• •

2〜4行目　プラスチックと……ちょっと空しい気持ちになる。
When I am dismantling a lunch box, cardboard box, or cosmetic box that is a combination of plastic and paper, I feel a little empty, as if I am breaking a piece of work that has been misfired.
在拆分塑料与纸的合体般的便当盒、瓦楞纸箱和包装盒等时候，总会有些许像是摔碎自己烧坏的作品那样空虚的心情。
플라스틱과 종이가 섞여 있는 듯한 도시락, 종이상자, 포장상자 등을 분해하고 있자면 잘못 구워낸 작품을 깼을 때와 같은 조금 허무한 기분이 든다.

p.106〜p.107の答え：問1.3　問2.2　問3.2　問4.2

エッセイ②

問題　次の文章を読んで、後の問いに答えなさい。

▶答えは p.113、解説は別冊 p.8

　ぼくの子どものころは、買い物をするにも、定価の決まっていない買い物が多かった。それで、店の人とうまくなじみになって（※1）、買い物のやりとりをする要領が大事なことだった。同じものを買うにしても、要領が悪くドジ（※2）だと、高い値段で買わされてしまう。ふだんからのつきあいだって、買い物のときになって、ものをいう（※3）のだった。

　これは、ある意味で、不平等なことであった。同じものを買うのに、相手しだいで値段が変わる。ドジだと、損になる。

　いまでは、定価がきまっている。平等に、だれでも同じ値段で、買い物ができる。しかし、ときにはそれが、①ちょっと味気ない気がしないでもない。なによりも、要領を身につけようと、努力することがなくなった。店の人と関係をとり結ぼうと、ふだんから心がけることがなくなった。平等なかわりに、冷たい関係になってしまった。

　なんどかドジをして、だんだんと要領をおぼえていくものでもあった。その意味では、店の人というのは、要領の先生であった。（中略）

　値段の交渉をするということは、買い手のほうでも、その値段へ意思を介入することであった。与えられた定価のもとでの、買うか買わないかだけの判断ではない。そして交渉に参加したからには、たとえそれが高い値段であったとしても、それは買い手の責任に属する。つまり、自分の意思で、自分の責任で、値段を判断する余地が残っていたのだ。

　このことの逆として、自分で判断し、自分で責任をとる機会は、平等や公正の名のもとに、だんだんと少なくなってきているのではないだろうか。さらにそれが、学校などで、共同で買い物をしたりするものだから、ますます自分から②遠くなっているような気がする。

　どんなに平等や公正を保証された社会になっても、終局的に自分を守るのは、自分の判断と自分の責任だ、とぼくは考えている。そして、不平等で不公正だった昔の買い物は、その判断や責任を訓練していたような気もするのだ。

　ふだんからの関係に気をくばり、要領よくふるまうのは、ズルイこととされている。それでは、平等で公正にならない。

　にもかかわらず、不平等や不公正のなかで要領よくたちまわる（※4）ズルサ、そのことの意味を、もう一度、考えなおしてみてもよいのではないだろうか。要領を否定した制度は、人間の関係を信頼しないことで、平等が強制されているような気もするのだ。

（森毅『居なおり数学のすすめ』講談社による）

（※１）なじみになる：become acquainted　熟悉　친해지다　　（※２）ドジ：idiot　糊涂　멍청한 사람

（※３）ものをいう：be helpful　发挥作用　효과를 발휘하다　　（※４）たちまわる：act　东奔西走　돌아다니다

問1　①ちょっと味気ない気がしないでもないとあるが、どういう理由からか。

1　不平等で冷たい関係になってしまったから。

2　店の人と関係を取り結ばなくてはいけなくなったから。

3　要領を身につけようと努力することがなくなったから。

4　人間関係で苦労する必要がなくなって、楽になったから。

問2　②遠くなっているとあるが、何が「遠くなっている」のか。

1　要領の先生

2　自分で買い物をする機会

3　平等や公正を保証された社会

4　自分で判断し、自分で責任をとる機会

問3　筆者は「要領」という言葉を、どういう意味で使っているか。

1　物事のいちばん大事な点

2　本能的に身についている能力

3　物事をうまくやるためのコツ

4　苦労や努力をしないでうまくたちまわること

問4　この文章の内容と合わないものはどれか。

1　要領よくたちまわる「ズルサ」もわれわれには必要である。

2　要領よくたちまわることは人間の信頼関係を壊すことになる。

3　どんな世の中でも、自分で判断し自分で責任をとることが、自分を守ることになる。

4　平等で公正な世の中で、人間関係はおもしろみのない冷たいものになってきた。

3〜4行目　ふだんからのつきあいだって、買い物のときになって、ものをいうのだった。
It was important to get along well with the shop owner because it made a difference when it came to doing my shopping.
平常的交往在买东西时也会起到作用的。　평상시의 친분 관계라도 , 물건을 살 때 , 효력을 발휘했다 .
26〜27行目　要領を否定した制度は、……ような気もするのだ。
Such a social system, where the value of the ability to do things efficiently is denied, seems to only stress equality without valuing the importance of human relationships.
我觉得否定"诀窍"是对人际关系的一种不信赖，所谓平等显然是受到强制的。
요령을 부정하는 제도는 인간 관계를 신뢰하지 않음으로써 평등을 강제적으로 유지하게 하는 것 같은 기분이 든다 .

p.108〜p.109の答え：問1．**1**　　問2．**4**　　問3．**4**　　問4．**2**

第6週
5日目
長文を読もう！
🔊 No.49
論説文①
ろんせつ
学習日
月　日(　)

問題　次の文章を読んで、後の問いに答えなさい。

▶答えは p.115、解説は別冊 p.8

　外国人に対して自国語の普及を推進するということは、一歩まちがうと自国文化のおしつけになりかねないし、文化侵略という非難をうけかねない。戦前の外国における日本語の普及には、そのようなきらいがあった。①現在の状況はとてもそんなことではない。積極的な普及どころか、世界の要望のまえに受け身でたたされて、その需要に応じきれないというのが実情である。

　世界のなかの日本語人口が増加すると、日本語はいずれ②ひとりあるきをはじめるだろう。外国人どうしのコミュニケーションに日本語がつかわれるようになるのである。日本人は日本語を自分たちの所有物であり、私有財産だとおもってきた。日本語をじょうずにあやつる外国人に対しては、なにか自分たちの聖域をおかされたような気もちをいだくひとがおおいのではないか。世界において日本語の使用人口が増大すると、そのような私有物感覚では対応できなくなるだろう。日本語は世界人類の共有財産の一部となるのである。日本人は、日本語を人類の共有にゆだねる(※1)べくさしだしたのである。ちょうど、柔道が世界的スポーツになったようなものである。柔道の起源は日本に発するが、いまや世界人類の共有するスポーツであって、日本人の独占物ではない。

　日本国民の私有物から世界人類の共有財産にうつるとともに、そこではたぶんある程度の改変作用がおこるだろう。柔道が国際化するとともに、体重別の制度が導入されたように、日本語も国際化とともに、なんらかのルールの変革がおこる可能性がある。たとえば、敬語が現状のままでおこなわれるかどうかには疑問がある。それはそれでよいのではないか。

　国際化とともに、日本人には聞きなれない奇妙な表現が外国人の日本語のなかにあらわれてきてもふしぎではない。ときには、かなり聞きぐるしいこともでてくるであろう。わたしはそれを「おぞましい(※2)日本語」といっている。日本人は、そのような「おぞましい日本語」をきくことにたえなければならないのである。わたしたちのつかう英語は、おそらくはイギリス人には「おぞましい英語」であろう。イギリス人は、世界でおこなわれている「おぞましい英語」にたえて、それを寛容にみとめているのである。言語の国際化とはそういうものであろう。

　現在、国際語とかんがえられている言語は、いずれも③こういう試練(※3)をうけて発達してきたものであろう。英語なども国際化とともに、かなりかわってきたものらしい。外国人の手による改変とともに、イギリス人自身が外国人にわかりやすいものにしようと努力して、つくりかえたところがすくなくないようである。日本語もその過程をへるのではないか。

（梅棹忠夫『実戦・世界言語紀行』岩波書店による）

（※１）ゆだねる：entrust　委托　맡기다　　　　　（※２）おぞましい：horrible　可怕　꺼림칙하다

（※３）試練：ordeal　考验　시련

問1　①現在の状況はとてもそんなことではないとあるが、現在はどういう状況なのか。

1　積極的に世界の要望を受けとめて需要に応じようとしている。

2　外国からの非難を積極的に受けとめ、心からそれに応えようとしている。

3　戦前の文化侵略の反省から日本語の普及には消極的になっている。

4　世界の日本語に対する需要のほうが大きすぎて十分に対応できないでいる。

問2　②ひとりあるきをはじめるというのは、ここでは具体的にどういうことか。

1　外国人どうしで日本語が話されるようになるということ

2　世界に受け入れられる洗練された言語になるということ

3　英語に代わって共通語になるかもしれないということ

4　日本人にその良さを忘れ去られていってしまうということ

問3　③こういう試練とは、どういう試練か。

1　どうすれば日本語が国際化できるか研究すること

2　外国人の話す自国語にたえて、寛容にみとめること

3　イギリス人のおこなってきたことをよく理解すること

4　聖域をおかされぬよう日本語に対する意識を強くすること

問4　日本語についての筆者の考えは次のうちどれか。

1　日本語が聞きぐるしい奇妙な言語となっていくのは好ましい傾向である。

2　日本語は日本人にとって聖域であるから、外国人におかされるのはたえられない。

3　日本語は英語と違って、世界に通用する言語になることはのぞめないだろう。

4　日本語が世界で話されるようになれば、変形していくのはしかたのないことだ。

・・・

1～3行目　外国人に対して……そのようなきらいがあった。
To encourage foreigners to learn the language of your country could lead to a forceful introduction of your culture or to a cultural invasion. The spread of the Japanese language in foreign countries before World War II had this tendency.
面向外国人推动普及本国语，走错一步就有将本国文化强加于人的问题，或被指责为文化侵略。战前在外国开展的日语普及活动就有那样的倾向。
외국인에게도 자국어의 보급을 추진한다는 것은, 조금 잘못하면, 자국 문화를 강요하는 것이 될 수도 있고, 문화 침략이라는 비난을 받을 수도 있다. 전쟁 전에 외국에서의 일본어 보급에는 그와 같은 좋지 않은 경향이 있었다.

15～16行目　日本国民の私有物から……改変作用がおこるだろう。
As Japanese culture and traditions become international treasures shared by many, changes will no doubt occur.
将日本国民的私有物转化为世界所有人类的共有财产时，大概会产生某种程度的改变。
일본 국민의 사유물에서 세계 인류의 공유 재산으로 바뀌는 것과 동시에, 아마 어느 정도의 변혁이 일어날 것이다.

p.110～p.111の答え：問1. **3**　問2. **4**　問3. **3**　問4. **2**

第6週

6日目

長文を読もう！

🔊 No.50

論説文②
ろんせつ

学習日

月　日（　）

問題　次の文章を読んで、後の問いに答えなさい。　　　　　　▶答えは p.117、解説は別冊 p.8
つぎ　ぶんしょう　　　　　と　　　　　　　　　　　　　　　　　　　　　　　　　　かいせつ　べっさつ

　テレビの世界でいちばん嫌いなことばは私にとって「送り手」と「受け手」ということば
きら
である。

　大量(マス)にコミュニケーションを行うから「マスコミ」と言い、テレビはその媒体(メディア)
たいりょう　　　　　　　　　　　　　　　　　　　　　　　　　　　　　　　　　　ばいたい
として最大の存在のはずなのだが、そこで厳然たる(※1)役割分担があって、一方は「送り手」、
さいだい　そんざい　　　　　　　　　　げんぜん　　　　やくわりぶんたん　　　いっぽう
他方が「受け手」というのでは、本当のコミュニケーションといいがたい。
たほう　　　　　　　　　　　　　　ほんとう

　しかし、この区別は現実に明確に存在している。
くべつ　げんじつ　めいかく

　この関係のなかでもっとも不幸な部分は、互いが互いを腹の底では軽蔑し合っていること
かんけい　　　　　　　ふこう　ぶぶん　　たが　　たが　　はら　そこ　　けいべつ
である。

　受け手＝視聴者はたしかにテレビをよく視るが、それを俗悪なしろもの(※2)だと思っている。
しちょうしゃ　　　　　　　　　　　み　　　　　　ぞくあく

　一方、送り手＝制作者たちは、俗悪だといいながら受け手たちがもっとも好んでみるのは
せいさく　　　　　　　　　　　　　　　　　　　　　　　　この
俗悪な番組であることを見せ続けられて、視聴者を内心では軽蔑している。
つづ　　　　　　　　　ないしん

　受け手の意向の量的表現＝視聴率がほとんどすべてである世界で、次に起きる現象は「悪
いこう　りょうてきひょうげん　りつ　　　　　　　　　　　　　つぎ　お　げんしょう　あっ
貨が良貨を駆逐する(※3)」ことである。
か　りょうか　くちく

　視聴率さえとっておれば、どんな"やらせ(※4)"をやろうとも、メディアの責任を考えれば
せきにん
モラルに反すると思うことをやっても、大手を振ることができる世界で、それを見習ってい
はん　　　　　　　　　　おおで　ふ　　　　　　　　　　　　　　みなら
く人間と、そんなことはしたくないと気力がなえてしまう(※5)人間とが生まれ、富み栄える
きりょく　　　　　　　　　　　　　と　さか
のは①前者ということになる。
ぜんしゃ

　「国民の民度以上の政治はない」といわれるが、テレビについても、政治と同じことがい
みんど　　　　せいじ
えそうな気がする。

　だが、それを嘆いたり、肯定することからは何も生まれない。
なげ　こうてい

　私がこういうことを言って「送り手」のなかから②"裏切者"扱いされるのは一向かまわな
うらぎり　あつか　　　　　いっこう
いが、うんざりさせられるのは③「受け手」のなかからタマが飛んでくることだ。
と

　長年のテレビによる"ごますり(※6)"に慣れ親しんだ視聴者は少しでもこういうことを言う
ながねん　　　　　　　　　　　な　した
と傲慢(※7)だと非難する。このテレビ状況で損をしているのは「受け手」のほうなのに……。
ごうまん　　　ひなん　　　　　じょうきょう　そん

（筑紫哲也『若者考現学』朝日新聞社による）

（※1）厳然たる：stern　严肃的　엄연하다　　　（※2）しろもの：thing　物品　물품
　　　　げんぜん

（※3）駆逐する：exterminate　驱逐　쫓아내다　（※4）やらせ：staged performance　演出来的　사전에 짜고 하는 것
　　　　くちく

（※5）気力がなえる：be exhauseted　萎靡　기력이 쇠하다
　　　　きりょく

（※6）ごますり：brown-noser　拍马屁　아첨　　（※7）傲慢：arrogant　傲慢　오만
　　　　　　　　　　　　　　　　　　　　　　　　　　ごうまん

問1　①前者のさす内容は何か。

1　俗悪だと言いつつ俗悪な番組を好んで見る視聴者

2　長年のテレビによる“ごますり”に慣れ親しんだ視聴者

3　視聴率に関係なくよい番組を作ろうとする制作者

4　視聴率のためならどんな悪い番組でも作ろうとする制作者

問2　②“裏切者”扱いされるという言葉から、筆者についてどんなことがわかるか。

1　筆者はマスコミ評論家である。

2　筆者は「送り手」でも「受け手」でもない。

3　筆者はテレビの制作側の人間である。

4　筆者はテレビの視聴者代表である。

問3　③「受け手」のなかからタマが飛んでくるとはどういうことか。

1　視聴者から応援されること

2　視聴者から非難されること

3　スポンサーから叱られること

4　国から攻撃されること

問4　この文章には続きがあって、筆者は「『受け手』の『受け手』による『受け手』のための対抗策」を提案している。筆者の提案として考えられないものはどれか。

1　視聴率にかかわらず、自分がよいと思う番組をもっと支持する。

2　「受け手」と「送り手」の差別をなくすために、番組づくりに参加する権利を要求する。

3　視聴率の高い番組は優れた番組なので、視聴率の高い番組を選んでもっと見る。

4　スポンサーは消費者＝視聴者に弱いのでテレビ局への抗議、批判をスポンサーに向ける。

12～13行目　受け手の意向の量的表現……ことである。
In a world in which rating (quantified viewers' desires) determines everything, you will see the phenomenon of "Bad money drives out good".
将接受人的意向以量性呈现＝在收视率几乎就是一切的世界中，今后将出现“劣币驱逐良币”的现象。
받는 쪽（시청자）의향의 양적 표현인 시청률이 거의 전부인 세계에서，뒤이어 일어나는 현상은「악화가 양화를 쫓아낸다（흔히，악한 것이 세력을 떨친다는 비유）」는 것이다.
14～15行目　視聴率さえとっておれば、……大手を振ることができる世界
the media industry, where they irresponsibly manipulate the content and do things contrary to social mores, as long as a high rating can be obtained
这是一个只要能保住收视率，即使如何制作“虚假信息”，做出一些从媒体责任来看是违反道德的事情也可以毫无所谓的世界
시청률만 딸 수 있으면，어떠한 사전 각본이나，미디어의 책임인 도덕적 측면에 어긋나는 것을 하여도 활개를 치며 의기양양할 수 있는 세계
18行目　国民の民度以上の政治はない
The political level is determined by the cultural level of the people.
没有超过国民生活水准和文化水平的政治。　국민의 문화 생활 수준 이상의 정치는 없다.

p.112～p.113の答え：問1.**4**　問2.**1**　問3.**2**　問4.**4**

長文を読もう！

まとめの問題

制限時間：20分
1問10点×10問
答えはp.119
部分翻訳や解説は別冊p.8～9

点数
　　／100

問題1　次の文章を読んで、後の問いに対する答えとして、最もよいものを1・2・3・4から一つ
選びなさい。

🔊 No.51

　以前、企業の部課長クラスを対象としたセミナーの後の雑談で、上司の指示命令を部下がや
り過ごしてしまうこともあるのでは？　と水を向けて(※1)みたことがあります。その途端、ある
大企業の部長からお叱りを受けました。いわく①「組織の中にあって、上司から出された命令や
指示をやり過ごしてしまうなどということはあってはならないことである」。しかし後になっ
て、もっと話を聞きたいという人がやってきました。そして驚いたことに、やり過ごしのでき
ない部下は無能であるとまで言い切る人さえ現れたのです。(中略)

　実際の企業を調査すると、「やり過ごし」には重要な機能のあることがわかってきました。た
とえば、業務量が非常に多く、忙しい職場では、上司の指示命令のすべてに応えることはもと
もと不可能なので、部下が自ら優先順位をつけ、上司の指示命令を上手にやり過ごしながら、
時間と労力を節約して業務をこなしていくことをむしろ期待されているといいます。それがで
きない部下は、言われたことをやるだけで、自分の仕事を管理する能力がないと低い評価しか
得られないそうですから、②世の中厳しいものです。

　あるいは、管理者の人事異動が頻繁で、実際の業務知識に乏しく経験も浅い管理者がよく巡っ
て来るような職場では、その業務に長年従事し、職人としての知識をもつ部下にとっては、反
論するのもばかばかしい指示が時としてなされることもあります。しかも悪いことに、面と向
かって上司の指示がいかにナンセンスなものであるかを部下が立証したとしても、それを受け
入れる度量の広さを上司が持ち合わせていないことも多く、③そんな場合、職場の人間関係はぎ
くしゃくするだけで終ることになります。「殿様が白といったらカラスも白いんだ」とわめいた
上司もいるそうです。これをバカ殿状況と呼んだ人がいましたが、こうした状況下では、的は
ずれな指示は部下のやり過ごしによって濾過(※2)され、上司に恥をかかせずに、正当な指示に対
する業務だけがラインに流れることになるといいます。

　つまり組織の中における「やり過ごし」には、仕事の過大負荷や上司の低信頼性に対処して、
組織的な破綻(※3)を回避するという注目すべき機能もあるのです。

（高橋伸夫「モデル―ジャンケンを通して見る意思決定の戦略」『知の技法』東京大学出版会による）

（※1）水をむける：相手の関心を引くような問い方をする
（※2）濾過：液体などから布や紙などを使っていらないものを取り除くこと
（※3）破綻：物事がだめになること

1 ①「組織の中にあって、……ならないことである」とあるが、これはだれの言葉か。

1　ある大企業の部長

2　あとで話を聞きに来た人

3　やり過ごしのできない部下は無能だと言った人

4　筆者

2　「やり過ごし」という言葉を筆者はどういう意味で使っているか。

1　上司に言われたこと以上のことをすること

2　上司に言われたことをうっかり忘れてしまうこと

3　上司に言われたことのいくつかは聞き流して、しないこと

4　上司の目を盗んで、できるだけ怠けること

3　②世の中厳しいものですと言っているが、それはどういう理由からか。

1　上司の命令がどんなものであろうと絶対に従わなければいけないから。

2　業務量の多い忙しい職場では上司の命令すべてに従うことは不可能だから。

3　上司に言われたことだけをやるのでは能力がないとされるから。

4　時間と労力を節約して業務をこなすとあまり評価されないから。

4　③そんな場合とは、どんな場合か。

1　部下が職人としての知識をもっている場合

2　上司の指示がナンセンスで不適切な場合

3　部下が上司の不適切な指示を立証（りっしょう）した場合

4　上司が部下の意見を受け入れようとしない場合

5　筆者がこの文章で言いたいことは何か。

1　管理者の人事異動が頻繁（ひんぱん）な企業での業務がいかに大変かということ

2　組織の中での「やり過ごし」には重要な機能があるということ

3　業務における知識や能力よりも上司との人間関係こそが重要であるということ

4　上司の「バカ殿」ぶりが与える部下への精神的苦痛がどんなに大きいかということ

p.114〜p.115の答え：問1.**4**　問2.**3**　問3.**2**　問4.**3**

　コンセルトヘボウ(※1)の改修には、約二十五億円が必要だという。小国のオランダだけでまかなえる費用ではない。そこで、世界各国の援助を求めることになった。アメリカ財界はオランダ政府の要請に応じて即座に三億円を、西ドイツもすぐ一億五千万円を寄付した。財政難にあえいでいる(※2)イギリスやフランスもすぐに対応した。日本財界では期限までに①なんと五百万円しか集まらなかった。目標額一億五千万円のうちの五百万円である。

　ホールに会社名をつけ、スポンサーとしてなら、おそらく日本企業は喜んで協力するだろう。よい宣伝になるからだ。ぼくには②それが気に入らないのである。日本は貿易で生きるしかない。現在、いろいろな経済摩擦が起きている。それを和らげるためにも、世界の国々と仲良くやっていかなければならない。だからこそ、企業名を出さない多くの奉仕が必要なのではあるまいか。

　ウィーン国立アカデミーや、西ベルリンのムジーク・ホッホ・シューレなど、ヨーロッパの主な音楽学校の学生の八割は外国人である。その外国人のうちの九割までが日本人だということだ。国立の音楽学校は授業料をとらない所が多いため、国民の一部から、「なぜ日本の音楽家の卵のためだけに自分たちが税金を払うのか。」という声が出てきている。

　われわれ日本人は、こういったさまざまな恩恵を受けているのだ。もっと外国の文化事業の援助に理解を示すべきだと思う。③でなければ礼儀がなさすぎる。

　特にオランダは、江戸時代において、我が国が西洋文明に接する唯一の窓口の役割を果たしてくれた国である。現在もたくさんの日本人がアムステルダムを中心に仕事をしているのだから、④なおさらのことではないか。

　我が国はヨーロッパから音楽を学んだ立場だが、今や欧米から日本に留学に来る人が増えつつあるほどまでに成長した。指揮のジャンルで特に多い。

　数年前に、ぼくはＮＨＫ交響楽団と東南アジアの国々を演奏旅行した。政府派遣の文化使節団という立場だった。どの国でも、記者会見の席で、向こうのジャーナリストに尋ねられたのだった。「日本はアジアにあって、西洋音楽に関しては飛び抜けた先進国である。われわれの国の若い音楽家たちが、ヨーロッパやアメリカへ行くのは遠すぎるし、お金もかかる。だから日本の留学生受け入れ制度をもっと盛んにしてくれないか。」というのである。

　東南アジアからの音楽留学生をどんどん受け入れ、よい勉強のチャンスをつくり、実りをもたらしてもらえば、日本の将来にとっても大きなプラスである。

　我が日本民族は、外国の文化事業を援助しようとする気持ちが、基本的にはない体質だ、という気がする。島国としての閉鎖的な体質ですんだこれまでの歴史とは違って、これからは世界各国と上手に付き合わなければならないのは、自明の理(※3)である。少なくとも、日本が受けた恩恵に見合った(※4)分は返したいものと、世界じゅうを指揮して回りながら、いつも思っている。

（岩城宏之「国際社会への恩返し」『中学新しい国語２〈平成２年度〉』東京書籍による）

（※１）コンセルトヘボウ：オランダの有名なコンサートホール　　（※２）あえぐ：呼吸が困難な状態、苦しむ

（※３）自明の理：わかりきっている当然のこと　　（※４）見合う：つり合う

6　①<u>なんと</u>に表れている筆者の気持ちはどれか。

1　二十五億円集めるのは大変だ。

2　額が極端に少なすぎる。

3　目標額が多すぎた。

4　期限ぎりぎりまでかかった。

7　②<u>それ</u>が指す内容として最も適当なのはどれか。

1　日本企業は宣伝のためなら協力すること

2　ホールに日本企業の名前をつけること

3　日本企業がスポンサーになること

4　日本企業がよい宣伝をすること

8　③<u>でなければ</u>とあるが、「何でなければ」なのか。

1　経済摩擦を解消しなければ

2　世界各国と仲良くやっていかなければ

3　さまざまな恩恵を受けなければ

4　もっと外国の文化事業に援助しなければ

9　④<u>なおさらのこと</u>とあるが、ここで筆者は何を言いたいのか。

1　オランダからもっとさまざまな恩恵を受けているはずだ。

2　もっとオランダに援助するべきである。

3　もっと西洋文明に接しておくべきだった。

4　日本人は将来、もっとオランダで仕事をすることになるだろう。

10　この文章で筆者がいちばん言いたいことは何か。

1　経済摩擦を解消する努力をするべきだ。

2　外国の文化事業にもっと援助するべきだ。

3　アジアの音楽留学生をもっと受け入れるべきだ。

4　ヨーロッパにどんどん留学してもっと国際的になるべきだ。

まとめの問題（p.116～p.119）の答え：
問題1　**1** 1　**2** 3　**3** 3　**4** 4　**5** 2　　　問題2　**6** 2　**7** 1　**8** 4　**9** 2　**10** 2

模擬試験

<ruby>模<rt>も</rt></ruby><ruby>擬<rt>ぎ</rt></ruby><ruby>試<rt>し</rt></ruby><ruby>験<rt>けん</rt></ruby>

答え・問題の部分翻訳・解説は別冊にあります。

Answers, translations of excerpted sentence and explanations can be found in the separate booklet.
答案・问题的读解文的一部分翻译・解説在附录的别册里。
대답・발췌 문장의 번역・해설은 별책에 있습니다.

模擬試験

問題1 次の（1）から（4）の文章を読んで、後の問いに対する答えとして最もよいものを、1・2・3・4から一つ選びなさい。 （4問×4点）

（1）

🔊 No.53

以下はある製品についての注意事項の一部である。

> ### 免責^{（※）}事項
>
> お客様もしくは第三者がこの製品の使用を誤ったことにより生じた故障、不具合、またはそれらに基づく損害については、法令上の責任が認められる場合を除き、当社は一切その責任を負いませんので、あらかじめご了承ください。

（※）免責：義務や責任を問われないこと

---

1 この製品の使用における注意事項の内容で正しいものはどれか。

1　使用の仕方が悪い場合に起きる故障などは、法的に当社の責任はない。
2　購入した者以外の使用による故障などについては、当社は責任を負わない。
3　誤った使用による故障などであっても、法的に当社の責任になる場合がある。
4　当社が責任を負うのは、正しい使用によって生じた故障などにおいてのみである。

（2）

🔊 No.54

　数学を勉強するとき、学校や塾では、問題の解き方ばかりを教えているのではないだろうか。早く正しい答えを導くことが重要であると考えての指導だと思うが、数学というものは、正解にたどり着くまでの過程が重要である。時間をかけ苦労して自力で解き方を見出したときに、実力がついたと言えるのであって、先に解き方を教えてもらうと、本当の意味でその問題が解けたとは言えない。

　これは数学という分野だけに限らず、人生においても同じことが言えると思う。いつも誰かが敷いてくれたレールの上を歩くばかりの人生は、危うい面が多くなる。自分で考え決めた人生なら、回り道しても決して無駄なことではない。

---

2 この文章で筆者が言いたいことはどれか。

1　正解を前もって教えてもらうことは、数学においても人生においても重要なことだ。
2　自力で数学の問題を解くように、人生は苦労が多く、無駄なことが多い。
3　数学の問題を解く過程が大切なように、人生も自力で歩むことが重要だ。
4　正解への近道を覚えることは、人生においても無駄なことではない。

（3）

「それってあれだよね」

　事物を完全に抜き取った発言である。事物の説明としては無意味だが、「それ」は父(※)にとっての「これ」であり、それが私たちの外にある「あれ」であることを確かめようとしている。事物は何であれ、こうして「これ」「それ」「あれ」の3点で支えるように父と私の関係を確認できるのである。実際、父は「これ」と事物を指差しても、次の瞬間にその事物を忘れているので、「これ」は「これ」でしかない。「これ」が何を指すかではなく、「これ」は「それ」として「あれ」と関連づけることで意思は疎通する。意思というものを疎通させるのではなく、疎通できれば意思なのだ。

(髙橋秀実『おやじはニーチェ　認知症の父と過ごした436日』新潮社による)

（※）父：父は認知症。認知症とはいろいろな原因で脳などの働きが悪くなり、生活に支障が出る症状。

3　筆者が言いたいことはどれか。

1　父の症状が進んで、「こそあど」でしか会話ができないということ。

2　「こそあど」での会話でも十分に父と意思の疎通ができるということ。

3　事物を指しても、次の瞬間にそれを忘れるのが認知症の特徴だということ。

4　事物を完全に抜き取った発言は、事物の説明として無意味だということ。

（4）

　母語は、単なる伝達の道具ではないのです。民族の血であると言っても過言ではありません。(中略)日本語を失って初めて、その価値に気づくなどという愚かなことを私たちはしてはいけないのです。

　未然に(※)しっかりと、母語として日本語をつなぎとめておく決意と覚悟をする必要があります。母語を守るのは、人間の存在に必要欠くべからざる権利です。

　世界共通語である英語は、母語を確保したうえで、効率よく学んでいく必要のある言語なのです。

(山口仲美『日本語が消滅する』幻冬舎による)

（※）未然に：そうなる前に

4　筆者が主張したいことは何か。

1　日本語はやがて消滅するので、世界共通語である英語教育に力を入れるべきだ。

2　人間形成に果たす役割やその価値を知って、母語である日本語を大切にすべきだ。

3　母語は単なる伝達の道具ではないので、日本語が失われるなどという心配はない。

4　民族のアイデンティティーを形成する母語以上に、世界共通語に注目すべきである。

模擬試験

つぎの（1）と（2）の文章を読んで、後の問いに対する答えとして最もよいものを、1・2・3・4から一つ選びなさい。

（4問×4点）

（1）

No.57

　私は大学学部5年生くらいから、グループリーダーを任されて、組織をずっとオーガナイズしてきました。運営がうまくいかず、組織が空中分解した失敗を何度も経験しています。その経験から学んだことは、組織にはダメな人もいなければいけないということです。

　ダメな人がいじめられることなく、組織内に居場所があることによって、他の人たちの心が和らぎ、組織が平和になることを実感しました。

（中略）

　強い組織というのは、仕事の実績を上げられない人も、ニコニコしながら働いている組織ではないかと思います。「僕は宴会要員(※)をやります」とか「僕は、雑用は何でもやります」と言ってニコニコして働き、周りの人も「彼が雑用をやってくれるから本当に助かる。僕は彼の分も実績を上げよう」と言っている組織は、うまく回ります。

　うまくいかない組織は、周りの人たちが「あいつは仕事ができない」「あいつはダメだ」と、そんなことばかり言っている組織です。ダメだと言われた人は辞めてしまいますが、その人が辞めると、次に仕事ができない人が「あいつはダメだ」と言われるようになります。次々とダメな人間が見つけ出されてターゲットにされます。こんな組織がうまくいくはずがありません。

（中略）

　「　　　」というのは、私の独特の組織論かもしれませんが、共感してくれる人もいます。組織を動かしたことのある人たちには、けっこうわかってもらえます。

（宮沢孝幸『ウイルス学者の責任』PHP新書による）

（※）宴会要員：宴会をするために必要な人員

5　筆者によると、うまく成り立つ組織というのはどれか。

1　仕事ができる人たちが少数の組織

2　仕事ができる人とできない人が共存している組織

3　仕事ができない人が動かしている組織

4　仕事ができない人をできるようにさせる組織

6　「　　　」に入る最も適当な言葉はどれか。

1　ダメな人ほど大事　　　　　　2　ダメな人による組織

3　ダメな人ができる仕事　　　　4　ダメな人を見つける

（2）

14歳でプロの将棋の棋士^(※1)になり、偉業を達成^(※2)している藤井聡太さんについて、言語脳科学者の酒井邦嘉さんが「将棋のネイティブスピーカー」だと書いていました。日本語ネイティブが学習しなくても日本語を自然に話すのと同じように、藤井さんは将棋の試合のとき、次にどうすれば勝てるのか、自然にわかるのだと。将棋の試合を対局と言いますが、対局は会話と基本的に脳の同じ部分を使っていると酒井さんは考えています。

①将棋のセンスを母語のように身につけた上で、AIを相手に練習した結果、「AIを超える」と言われるほど強くなった藤井さん。それには、アインシュタイン^(※3)が言うような「熱烈な好奇心」が将棋に対してなければできないとも酒井さんは述べています。

また、藤井さんが子どもの時に将棋を指導した杉本昌隆さんは、藤井さんは「考える天才」だと言っています。つまり天才だから考えなくても正解がわかっているはずなのに、さらに考え、それを子どもの頃から積み重ねているのだと。AIが簡単に答えを出してしまう「この時代だからこそ人が考えることに意味がある」と杉本さんは主張しています。

将棋のセンスを身につけても将棋への情熱を持ち続けること、あるいは天才的能力があっても考え抜くことを止めないことこそが、AIを超える藤井さんの強さと言えるのでしょう。

（参考資料：2023年6月2日、5日　朝日新聞）

（※1）将棋の棋士：仕事として将棋の試合をする人。
（※2）偉業を達成：ここでは、次々と試合に勝ち、タイトルを取っていること。
（※3）アインシュタイン：Einstein（1879年～1955年）、ドイツの理論物理学者。

7　①将棋のセンスを母語のように身につけた人、を言い換えるとしたら、次のどれか。

　1　AIを超える人　　　　　　　　　2　将棋のネイティブスピーカー

　3　考える天才　　　　　　　　　　4　熱烈な好奇心を持った人

8　この文章の内容と合うものはどれか。

　1　藤井さんがAIを超える強さを養ったのは、AIを練習相手にできたからである。

　2　将棋への熱烈な好奇心があれば、藤井さんのようにAIを超える強さが身につく。

　3　天才的な能力の上にさらに考えることを積み重ねてこそ、藤井さんは強くなった。

　4　会話時に使う脳の部分を将棋の対局時に使えれば、藤井さんのように強くなれる。

模擬試験

次の文章を読んで、後の問いに対する答えとして最もよいものを、１・２・３・４から一つ選びなさい。

（4問×5点）

🔊 No.59

　ノーベル・ウィークのイベントのなかでも私を悩ませたのは「ノーベル・レクチャー」という受賞者が講演する内容のことだった。（中略）私はやはりオンコセルカ症（河川盲目症）の特効薬となった「イベルメクチン」の発見までのことと、①自身の研究哲学について語ろうと思い準備を始めた。（中略）

　これまで私がたどってきた研究の経過や内容を語っていると、あっというまに時間がなくなる。パワーポイントで準備を始めたが、見直してみると、あれもこれもと気になる部分が出てくる。

　最後は研究哲学の話をしたかった。茶道の「一期一会」の言葉を入れ、私が日ごろから言っている「人との出会いを大切にする」という座右の銘（※1）を伝えたいと思った。私は海外で講演をするときに、日本の文化に関する内容を必ず入れるようにしている。ノーベル・レクチャーだから特別という気持ちではなかった。

　ノーベル賞を受賞できたのも人との出会いを大切にしたからで、この言葉には特に強い思い入れがある。出会いを感じない人、出会っても生かさない人がいるが、袖振り合う縁（※2）も生かすというのが成功のもとだ。

　微生物（※3）との出合いも、研究者や同僚との出会いも、一期一会の気持ちで接することによって結びついていく。②そのような心情を外国人にも理解されるように伝え、研究内容も誰にでもわかるように説明しようと、スライドと言葉を吟味していたら十九回も改訂してしまった。（中略）幸いなことに、このレクチャーは出席者から盛大な拍手をいただいて終えることができた。（中略）

　私は研究人生のほとんどを微生物が産生する天然有機化合物の研究にささげてきた。私の研究は微生物なしにはできないものであり、会見で感想を聞かれて「　　　　　」と言ったのは、自然と口をついて出てきた言葉だった。

　私が何か難しいことをやったわけではなく、みんな微生物がしたことだ。私たちは微生物の力を利用させてもらっただけである。

　人類は、たかだか数十万年前から進化して生物界の頂点に立ったと思っているようだが、微生物は三十五億年ほど前から地球上に生息し、種をつないできた「地球上の生物の起源」と言ってもいいものだ。

　しかし、私たちは、いまだ全微生物の五パーセントにも満たないものしか知らないだろう。残りの九十五パーセントほどの微生物には、素晴らしい能力をもったものやすごい物質を産生しているものがいることは間違いない。この研究分野が少しでも発展することに結びつく受賞だとしたら、研究者として大変嬉しく思う。

（大村智「ストックホルムへの廻り道」私の履歴書　日本経済新聞出版社による）

（※1）座右の銘：自分が生きていく上で大切にしている言葉のこと
（※2）袖振り合う縁：どんな出会いも偶然ではなく縁があるという意味
（※3）微生物：細菌や菌類など、目に見えないくらい小さな生物のこと

9　①自身の研究哲学とあるが、筆者の言う研究哲学とはどれか。

1　研究内容だけでなく、外国人に日本の文化を紹介する。

2　研究内容を誰にでもわかるように工夫して説明する。

3　研究を成功させるためには人生をささげることが重要だ。

4　人との出会いを大切にすることは、研究の成功にもつながる。

10　②そのような心情とあるが、どういう意味か。

1　講演内容を理解してもらいたいという気持ち

2　微生物や人との出会いを大切にするという気持ち

3　外国人に日本の文化を伝えたいという気持ち

4　講演を成功させたいという気持ち

11　「　　　　　」の中に入る文として、最も適当なものはどれか。

1　微生物の研究でノーベル賞をもらった

2　微生物と一緒にノーベル賞をもらった

3　ノーベル賞のために微生物の研究を続けてきた

4　ノーベル賞は微生物の力を理解してくれた

12　この文章の後半で、筆者が言いたいことはどれか。

1　微生物の分野の研究がより発展することを願っている。

2　微生物の能力については未知のものが多いので研究を続けたい。

3　素晴らしい能力をもつ未知の微生物を発見したい。

4　人類が生物界の頂点に立つためには、まだまだ研究が足りない。

模擬試験

次のＡとＢの文章を読んで、後の問いに対する答えとして最もよいものを、１・２・３・４から一つ選びなさい。 （３問×６点）

A

🔊)) No.60

　　Ｚ世代(※1)を中心に全世代に広がっている「タイパ」について、あるテレビ番組(※2)を見た。「タイパ」とは「タイムパフォーマンス」のことで、かかった時間当たりの効果や満足度を示す。タイパを重視した行動の代表は動画などの「倍速視聴」だが、他にも栄養が手軽にとれるインスタント食品、本１冊を10分に要約するサービス、手軽に通える時短ジム等の利用もある。

　　同番組の調査によれば、大学のオンライン講義など勉強においても録画の倍速視聴で効果が発揮され、倍速で２回観た方が頭に入るという学生の証言もあった。脳の認知機能には処理能力の限界があるため「倍速は鑑賞には向かない」という指摘がある一方で、「倍速でも学習効果は変わらなかった」という調査結果も紹介されていた。

B

　　主に10～20代前半の若者の間で、倍速視聴は以前から当たり前だった。地上波(※3)ドラマを「忙しいし、友達の間の話題についていきたいだけなので、録画して倍速で観る」「内容さえわかればいいからざっと観て、細かいところはまとめサイト(※4)やWikipediaで補足する」。(中略)彼らは回り道を嫌う。膨大な時間を費やして何百本、何千本もの作品を観て、読んで、たくさんのハズレを掴まされて、そのなかで鑑賞力が磨かれ、博識になり、やがて生涯の傑作に出会い、かつその分野のエキスパートになる――というプロセスを、決して踏みたがらない。

　　彼らは、「観ておくべき重要作品を、リストにして教えてくれ」と言う。彼らは近道を探す。なぜなら、駄作を見ている時間は彼らにとって無駄だから。

（稲田豊史『映画を早送りで観る人たち　ファスト映画・ネタバレ―コンテンツ消費の現在形』光文社新書による）

（※1）Ｚ世代：1990年代後半～2010年代生まれの世代
（※2）あるテレビ番組：NHKの報道番組「クローズアップ現代」
（※3）地上波：BS放送の対義語
（※4）まとめサイト：ネット上に存在する様々な情報・データを、関心に応じて集約しているサイトの総称（通称）

「タイパ」について正しいのはどれか。

1 「タイパ」は「倍速視聴」のことである。

2 「タイパ」はZ世代の価値観である。

3 「タイパ」とは時間に対する効果や満足度のことである。

4 現代人は情報が多すぎて「タイパ」を意識できない。

14 「倍速視聴」とはどのようなものか。

1 時間を有効に使って、効果を上げるための手段である。

2 学習には効果がないので、娯楽の場面で利用する手段である。

3 脳の認知機能の処理能力に、悪影響を与える可能性がある。

4 鑑賞力を養い、エキスパートになる可能性を秘めた近道である。

15 AとBの内容について、正しいのはどれか。

1 AはZ世代の時間短縮ライフスタイルを紹介している。

2 Bは「倍速視聴」をする若者の行動の心理に触れている。

3 AもBも「タイパ」に対して批判的な見方をしている。

4 AもBも「タイパ」に対して好意的な見方をしている。

次の文章を読んで、後の問いに対する答えとして最もよいものを、1・2・3・4から一つ選びなさい。

（3問×6点）

🔊 No.61

結論から言おう。オノマトペ（※1）はいくつかの点で特殊でありながらも、あくまでも言語であるし、一般語（オノマトペでないことば）との違いより共通性の方が多い。なぜか。この問題を掘り下げて（※2）いくことで、オノマトペの性質が見えてくると同時に、言語とは何かという大きな問題に対しての理解も深まる。「オノマトペは言語か」という問題を考えれば、必然的に「言語とは何か」という問題を考えることになるからである。（中略）

ことばの意味変化は、しばしばミスコミュニケーションを生む。多義性にパターンがあるとはいっても、言語によって、方言によって、世代によって、意味の広がり方には少なからず差異が生じる。コミュニティ内における独自の意味の発展には、メンバー同士の絆を深めるような側面もある。

たとえば、若い世代の間で「やばい」が〈とてもよい〉や〈とてもおいしい〉の意味で使われだしてすでにしばらく経つが、使い慣れていない話者にはよい意味なのか悪い意味なのかわからず、解釈に当惑するだろう。また、「普通にかわいい」や「普通にいいね」のような言い方に違和感を抱く読者もいるのではなかろうか。若者たちは「普通に」を、〈ありうる想定に反して十分に（かわいい・いい）〉のような意味で使っているらしい。

さらに、NHK放送文化研究所の2019年のウェブ記事には、「カレーがほんとに好きで、なんなら毎日食べてます」のような若者ことばに関する調査報告が紹介されている。「なんなら代わりに行きましょうか？」のような、何かを提案するときに使う「なんなら」にしか馴染みのない読者には、ただの誤用に思えるかもしれない。若者たちは、どうやら〈さらに言えば〉や〈下手をすると〉のようなニュアンスを意図しているらしい。彼らのなかには、伝統的な「提案」の意味を知らない人も多いようだ。

このように、ことばの意味の派生にはある程度のパターンが存在するものの、特定のグループの遊び的な使い方が広がって定着し、結果として前の世代にはつながりが見えないほどの隔たりが生じることもある。そのようなことばは、前の世代にとっては、多義語というよりも同音異義語である。

このような時代の変化に伴う意味の変容はオノマトペにもみられる。「サクッと済ませる」「サクサク仕事をこなす」のような表現は、すでに若者以外にまで浸透している。一方、「毛がワサワサしたイヌ」や「草がワサワサしてきた」という表現は比較的新しいようである。20世紀初頭には、「ワサワサ」は「ソワソワ」に似た落ち着きのなさを表したという。それが今では、落ち着きのなさとはまるで関係のない、毛や草の量を表すことがあるらしい。多義というよりも同音異義の例であろう。

（今井むつみ・秋田喜美『言語の本質──ことばはどう生まれ、進化したか』中央公論新社による）

（※1）オノマトペ：擬音語、擬態語
（※2）掘り下げる：深く考える

16 「やばい」「普通に」「なんなら」などは何を説明するための例か。

1　コミュニティ内のメンバー同士の絆を深める言葉の例。

2　伝統的なもとの意味を失ってしまった言葉の例。

3　特定のグループ内でしか使われなくなった言葉の例。

4　時代の変化に伴う、ことばの意味の変容の例。

17 「サクサク」「ワサワサ」などは何を説明するための例か。

1　時代の変化に伴う意味の変容が、若者以外にまで浸透している例。

2　オノマトペにも時代の変化に伴う意味の変容があることを示す例。

3　前の世代にはつながりが見えないほどの隔たりが生じたことばの例。

4　20世紀初頭にみられた、落ち着きのなさを表すオノマトペの例。

18 この文章で筆者が最も言いたいこと、は何か。

1　「オノマトペは言語か」という問題を通して、「言語とは何か」を深く考えたい。

2　コミュニティ内の意味変化にメンバー同士の絆を深める側面があることに注目すべきだ。

3　ことばの意味変化がもたらす、世代間のミスコミュニケーションの問題を解決したい。

4　オノマトペは一般語のように大きい意味変化をしない点で、正式な言語とは認められない。

模擬試験

問題6　右のページは、ある市の応援キャンペーンに関するハガキとホームページに書かれた説明である。下の問いに対する答えとして最もよいものを、1・2・3・4から一つ選びなさい。

（2問×6点）

🔊 No.62

19　この応援キャンペーンは、1万円を払うと1万3千円の商品券（500円券が26枚で1冊となっている）がもらえるというもので、地域での消費を促すことを目的としたものである。大山さんはこのキャンペーンに応募して、右のページのハガキを3枚もらった。そのうちの1枚をリンさんにあげようと思っている。商品券の購入について、正しいのはどれか。

1　リンさんはこのハガキと引き換えに大山さんに1万円払わなければならない。

2　この商品券は当選ハガキを受け取った本人だけ購入することができる。

3　このハガキを記載の郵便局に持って行き、1万円払えばだれでも商品券を購入できる。

4　リンさんは大山さんからもらったハガキで、この商品券を何冊でも購入できる。

20　この商品券を使うにあたって、注意しなければいけないこととして合っているのはどれか。

1　専用券以外は、デパートなどの大型店では使えない。

2　共通券は、みどり市にある店であれば取扱店の一覧になくてもどの店でも使える。

3　一つの店では、1冊分の商品券しか使えない。

4　取扱店検索の一覧に載っている店であっても、共通券しか使えない店がある。

当選通知ハガキ（兼⁽※⁾購入引換券）

応募された「みどり市応援キャンペーン」プレミアム付商品券が当選となりましたので、お知らせします。

商品券の購入にあたっては、以下の記載事項をご確認ください。

① お問い合わせ番号：０３２７４５

② 販売場所：みどり駅前郵便局（みどり市あおい町１－６－１）

③ 販売時間：平日９：００～１７：００

④ 販売期間：７月１日(火)～１０月３０日(木)

＊商品券は１２月３１日までにお使いください。

購入時に持参するもの

・当選通知ハガキ（本状）※再発行不可

・現金（１冊あたり１万円）※現金以外での購入はできません。

・本人確認書類の提示は不要です。

＊本状持参の場合に限り、代理人購入も可能

注意事項

● 本ハガキで購入いただけるのは１冊です。

＊複数冊購入の場合はその冊数分のハガキが必要です。

● 当ハガキで指定された郵便局以外での購入はできません。

● 詳しくはホームページ：http://××××をご覧ください。

● ご購入後の払い戻しは一切できません。

● 指定の販売期間中に購入されなかった場合、「当選通知ハガキ」は無効になります。

（※）兼：ここでは、このハガキは当選通知ハガキであるが、同時に購入引換券でもある、という意味

＜ホームページより＞

☆ すべての取扱店で利用できる「共通券」と中小企業・個人店でのみ利用できる「専用券」がセットになった商品券で、１冊１万円で購入できます。

＊「共通券」6500円分（500円券13枚）と「専用券」6500円分（500円券13枚）で１冊になっています。当選ハガキの枚数分の冊数を購入できます。

☆ 商品券の購入は、現金のみで、クレジットカードやキャッシュレス決済は利用できません。

☆ 商品券を使える店は、当サイトの「取扱店検索」から一覧を確認できます。

☆「共通券」は取扱店のすべてで使えますが、「専用券」は「専用券」が使用できるというポスターが貼ってある店以外では使えません。

☆ デパートや大型スーパーなどの大型店は「専用券」は使えないので注意してください。

☆ 商品券はおつりが出ません。

イラスト	花色木綿
翻訳・翻訳校正	Rory Rosszell ／石川慶子／株式会社アミット（英語）
	株式会社シー・コミュニケーションズ／株式会社アミット（中国語）
	李銀淑／株式会社アミット（韓国語）
ナレーション	菊本平／田中杏沙
編集協力・ＤＴＰ	株式会社あるむ
装丁	岡崎裕樹
印刷・製本	株式会社光邦

「日本語能力試験」対策
日本語総まとめ N1 読解 [増補改訂版]

2010 年 11 月 10 日　初版　第 1 刷発行
2023 年 12 月 18 日　増補改訂版　第 1 刷発行

著　者	佐々木仁子・松本紀子
発　行	株式会社アスク
	〒 162-8558　東京都新宿区下宮比町 2-6
	TEL　03-3267-6864
発行人	天谷修身

アンケートにご協力ください.

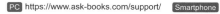 PC https://www.ask-books.com/support/　 Smartphone

増補改訂版 「日本語能力試験」対策

日本語総まとめ

N1 読解
どっかい

別冊
べっさつ

- 1〜6日目
  にちめ [解説]
  かいせつ
- まとめの問題
  もんだい [部分翻訳や解説]
  ぶ ぶんほんやく　かいせつ
- 模擬試験
  も ぎ しけん [答え]、[部分翻訳や解説]
  こた　　　 ぶ ぶんほんやく　かいせつ

第1週

1日目 （p.12～p.13）

Ⅰ ◆「克服する」＝打ち勝つ

Ⅲ ◆「上下関係」が「対等な関係」に変わる。つまり「平等な関係」になる。「進歩」や「逆転」ではない。

Ⅳ ◆音楽家は右脳が発達しているということから考える。

2日目 （p.14～p.15）

Ⅰ ◆よくあることかもしれないが、あるということに疑問を持っている。つまり、否定している。

Ⅱ ◆「だれが言い切れるだろうか」に注意。

Ⅲ ◆質問の形で意見を言った後、その理由を言っている。

3日目 （p.16～p.17）

Ⅱ ◆「～かねない」＝～しそうだ（その可能性が高い）

◆「～じゃあるまいし」＝～ではないはずなのに

Ⅳ ◆「言うまでもない」＝当然だ

◆「～でならない」＝とても～

◆「元気なこと！」＝本当に元気だなあ
　＊感動の表現

4日目 （p.18～p.19）

Ⅰ ◆「少なからずいる」＝少なくない、多い

Ⅱ ◆「～と言わざるをえない」＝～と言わないわけにはいかない

5日目 （p.20～p.21）

Ⅲ ◆「それなのに」の後ろの文は予想外の内容がくる。前の文「他人と同じ生き方はできない」と対立するものを選ぶ。

Ⅳ ◆（　　）の前は肉体的な不調について言っている。

6日目 （p.22～p.23）

Ⅱ ◆前の文章に説明をつけ加えている。

Ⅲ ◆見本と同じように作るつもりが、間違ったのである。

Ⅳ ◆（　　）の後で「新しい扉を、自分で開ける」を言いかえている。

7日目　まとめの問題 （p.24～p.27）

問題1

〈翻訳〉

＊本文の6～7行目

幼い頃からの言語習慣からぬけ出して、外国語を、場面に応じて適切に使いこなすことはむずかしい。

It is difficult to break out of one's own linguistic habits from childhood and use foreign languages properly depending on the situation.

很难摆脱自己从小养成的语言习惯，根据情况正确使用外语。

어려서부터의 자신만의 언어 습관에서 벗어나 상황에 따라 외국어를 적절히 사용하는 것이 어렵다.

問題2

〈翻訳〉

＊本文の1～2行目

脳卒中か心臓麻痺による突然死

sudden death due to stroke or heart attack

因中风或心脏病突然死亡

뇌졸중이나 심장마비로 인한 급사

＊本文の14～15行目

人生を総括するだけの時間が欲しい

I want some time to summarize my life

我想要一些时间来总结我的生活

내 인생을 총괄하는 시간을 갖고 싶다

問題3

〈翻訳〉

＊本文の16〜17行目

自分の心に照らして恥ずかしくない秘密ならば、暴露したところで一時の笑い話となるか、ちょっとしたご愛嬌ですむだろう。

If it is a secret that is not embarrassing in light of one's own heart, the revelation will be a temporary laugh or a bit of amusement.

如果是一个在自己看来并不难堪的秘密，那么揭露出来也只是暂时的一笑或一点娱乐。

자신의 마음에 비추어 부끄럽지 않은 비밀이라면, 공개해도 한바탕 웃음거리가 되거나 약간의 애교로 끝날 수 있을 것이다.

第2週

1日目　（p.30〜p.31）

Ⅳ ◆「昇鵬に勝る力士」とは、筆者の気持ちで、「昇鵬より好きな力士」という意味。

2日目　（p.32〜p.33）

Ⅰ ◆「放置してきた」に注意。

Ⅲ ◆「昔の僕だったら、……告白しただろうに。」＝「今の僕は告白していない。」

3日目　（p.34〜p.35）

Ⅰ ◆物事が自分の思いどおりにいかないときに、よく「ため息をつく」。

Ⅱ ◆「表面的には楽しそう」→実際にはその反対である。

Ⅲ ◆ボランティアをしている人が「むっとする」のである。

Ⅳ ◆最後の「素直になりたい」に注意。

4日目　（p.36〜p.37）

Ⅱ ◆すぐ前の部分は「知らせない」理由。

Ⅲ ◆「その」は前の部分を指している。

Ⅳ ◆言葉を出す前に考えている。

5日目　（p.38〜p.39）

Ⅰ ◆「それ」は3つあるが、順番に内容が変わっていく。

Ⅲ ◆現実は「彼方に置いて」「我々に対してある」のではない、つまり「対象」ではなく「その中に我々がある」と述べている。

Ⅳ ◆選択肢3は、すぐには満たされない。

6日目　（p.40〜p.41）

Ⅱ ◆〜と信じていたが、実際は違っていた。

Ⅲ ◆「それかもしれない」の「それ」は「正夢」。「これ」は「この夢」＝「昨夜見た夢」。

Ⅳ ◆指さしたところに、何があったか。

7日目　まとめの問題（p.42〜p.45）

問題1（1）

① ◆「他人」と「他者」を比べている。

問題1（2）

〈翻訳〉

＊本文の2行目

ニコチンの分解物から見付けられた酸の一つ

an acid found in the metabolization of nicotine

于尼古丁的分解产物中发现的一种酸

니코틴이 분해되면서 발견된 물질 중 하나로 산의 일종

問題2（1）

〈翻訳〉

＊本文の14〜16行目

そういう視点で日本民族を見ていると、政治でも経済でも、そして外交でも、目の前のことでどうしよう、どう対応しようということばっかり考える。な

3

ぜこうなったのかを考える遺伝子がない。それを自
覚しないとね。

When the Japanese people are looked at from this perspective, all they think about is how to respond to what is in front of them, whether it is politics, economics, or diplomacy. There is no gene to consider why they became this way. You have to realize that.

以这种观点去看日本民族的话，就会发现无论在政治还是经济，以及在外交方面，其思考的只有如何处理、如何应对眼前的事物，而没有会去思考为什么变成这样了的基因。其必须认识到这一点。

이런 시점으로 일본 민족을 바라보고 있자면 정치면이나 경제면, 나아가 외교면에서도 눈앞에 닥친 일에 대해 어떻게 해야 하나, 어떻게 대처해야 하나, 그 생각만 할 뿐이다. 어째서 이런 상황까지 오게 되었는지 생각하는 유전자가 없다. 이 부분을 깨달아야 한다.

3 ◆ 森林文化をもつ日本人。

4 ◆ 二つの文化を比べている。

問題2（2）

〈翻訳〉

＊本文の5行目
親切で良心的
kind and conscientious

亲切的、有良心的

친절하고양심적

6 ◆ 9行目「得意気」＝得意そう

問題2（3）

〈翻訳〉

＊本文の5行目
水のざわめきや積雪のたたずまい
the rustle of water and the ambience of snow

水的嘈杂和积雪的氛围

소란스러운 물소리와 소복하게 쌓인 눈

＊本文の9行目
私は科学の価値を認めるうえでは、人後におちないつもりである

I will not be outdone in recognizing the value of science

我自认为在认同科学的价值这一点上不输任何人

나는 과학의 가치를 인정한다는 점에서는 남들에게 뒤처지지 않는다고 생각한다

7 ◆ すぐ前の部分を指している。

9 ◆ 「それ」の内容は後にあるので注意。

第3週

1日目 （p.48 ～ p.49）

Ⅲ ◆ 「ゴロ寝」は「サラリーマン」だけでなく、誰でも、ソファーの上でもできる。

2日目 （p.50 ～ p.51）

Ⅰ ◆ 「要するに」のあとが結論。

Ⅳ ◆ 前半は事実を述べているだけである。

3日目 （p.52 ～ p.53）

Ⅲ ◆ 痛みを取り除くことも治療のうちの一つである。

Ⅳ ◆ 「親の意識の改革」のすぐ後の文章に注意。

4日目 （p.54 ～ p.55）

Ⅰ ◆ 人生をマッチにたとえている。

Ⅲ ◆ 「AはBに対応する」という表現で、AとBが似ていると言っている。

Ⅳ ◆ 映画はたとえ話。

5日目 （p.56 ～ p.57）

Ⅱ ◆ 「（引っ越した理由）、やはりよかったと思えることは～ことで、不満といえば～ことくらいである。」

Ⅲ ◆ 「～が降った」「～はめずらしい」と書いてある。

Ⅳ ◆ 鎮痛剤を使う上での選び方や用法などについて説明している。

6日目　(p.58 ～ p.59)

Ⅰ ◆「なぜ～なのか」

　　＊ 前に言ったことを一部 省 略 して、疑問文
　　　にしている。

Ⅱ ◆ 大人は「いつまでに」「どうやって」それをす
　　るのかと質問することはあっても、「どうして」
　　それをするのかを質問することは少ない。

Ⅲ ◆ だれかの言ったことに対して、やっているこ
　　とと違うというときに、「～が聞いてあきれる」
　　と言う。

7日目　まとめの問題 (p.60 ～ p.63)

問題（1）

〈翻訳〉
＊本文の1行目
油 を塗った布に水を一滴たらすと、水は玉になっ
て布の上にのっかります。

When a drop of water is dropped on an oiled cloth, the water beads up and onto the cloth.

往涂油的布上滴一滴水，水会变成水珠停在布上。

기름을 바른 천에 물을 한 방울 떨어트리면 물은 구슬이 되어 천 위에 뜹니다.

1 ◆ 表 面 張 力 をなくす働きをするもの。

問題（2）

〈翻訳〉
＊本文の7～8行目
情 報 量 が増えるから、確率的にいっても、そうい
うことが生じるのはしかたがないという言訳はおか
しい。

It is ridiculous to say that such things occur, probabilistically speaking, because of the increased amount of information.

因为信息量会增加，即便从概率的角度来讲，出现这种事也
没办法这样的借口是站不住脚的。

정보량이 증가하므로 확률적으로 말해도 그런 일이 발생하는
것은 어쩔 수 없다는 핑계는 이상하다.

問題（3）

〈翻訳〉
＊本文の1行目
肩関節 周 囲炎の痛みに苦しんでいる。

I am suffering from pain due to shoulder periarthritis.

饱受着肩周炎的痛苦。

어깨관절 주위염의 통증에 힘들어하고 있다.

＊本文の12～13行目
身体だけでなく、何かしらの「痛み」を継続的に抱
えている人たちのことをふと考えた。他者の痛みは
想像する以外にないことを、忘れないようにしたい。

I suddenly thought about people who are continuously in some kind of "pain," not just physical pain. I do not want to forget that we can only imagine the pain of others.

我忽然想到那些不光是身体上，而是时刻抱有某种"痛苦"
的人们。我希望能永远记住，别人的痛苦是难以想象的。

문득 신체만이 아니라 어떠한 '통증' 을 계속해서 안고 있는
사람들에 대해 생각했다. 타인의 아픔은 상상하는 것 외에는
없다는 점을 잊지 않고자 한다.

問題（4）

〈翻訳〉
＊本文の4～5行目
一度手を離れてしまえば粗ばかり目に付き、そんな
ものを世に送り出してしまった自分の不甲斐なさに
落ち込む。

Once I let them go, all I see is their roughness, and it is depressing to think of my own inadequacy in bringing such a thing into the world.

一旦离手就只能看到缺点和不足，而后失落于把这样一个东
西送上了社会的自己是多么的没出息。

한번 내 손에서 떠나보내면 부족한 부분만 눈에 들어오고, 그
런 것을 세상에 내보낸 자신의 한심함에 침울해진다.

第4週

1日目　(p.66 ～ p.67)

Ⅱ 問1 ◆「一種の 病 気である可能性もありますか
　　ら」とある。

5

問2 ◆ 選択肢2はBだけ、選択肢3はAだけが述べている。

2日目 （p.68 ～ p.69）

Ⅱ 問1 ◆ 選択肢1と選択肢4はBだけに書いてある。

3日目 （p.70 ～ p.71）

Ⅰ ◆ 「物足りない」＝何かが足りないような気がして、なんとなく満足できない

4日目 （p.72 ～ p.73）

Ⅱ ◆ 個人的な意見が書いてあるのはA。著者について触れているのはC。

5日目 （p.74 ～ p.75）

Ⅱ 問2 ◆ 体調が悪くて休むことは、身だしなみとは関係ない。

6日目 （p.76 ～ p.77）

Ⅱ 問1 ◆ Aは10回目だが、Bは初めての開催なので、恒例とは言えない。

問2 ◆ 参加者の感想はどちらにも書いていない。

7日目　まとめの問題 （p.78 ～ p.81）

問題1

〈翻訳〉

＊Bの本文の1～3行目

よほど根性のある真面目な人ならいいのかもしれませんが、やはりこういうレッスンものは根気よく続けられるような工夫が必要なのではないでしょうか。

It may be okay if you are a serious person with a lot of perseverance, but I think it is necessary to devise a way to

---

問題2

〈翻訳〉

＊Aの本文の8～9行目

資格を持ちながら家庭の事情で退職した潜在看護師はその10倍いると推測される。

It is estimated that there are ten times as many potential nurses who are qualified but have left the profession for family reasons.

据推测，拥有证书但因家庭原因离职的潜在护士有其10倍左右。

자격을 보유하고 있으면서 가정사로 인해 퇴직한 잠재적인 간호사는 그 10 배에 이를 것으로 추측된다 .

＊Aの本文の14行目

再教育システムに市が出す助成金の増額も検討している。

The city is also considering increasing the amount of subsidies it provides to the retraining system.

目前也在探讨增加市政府对再教育系统投入的补助金。

재교육 시스템에 대해 시에서 지출하는 지원금의 증액도 검토하고 있다 .

3 ◆ 選択肢2と選択肢4は両方に書かれているが、選択肢3はどちらにも書かれていない。

4 ◆ 研修の内容については、どちらにも書かれていない。

第5週

1日目 （p.84 ～ p.85）

Ⅱ 問1 ◆ 「完全予約制（＝必ず事前に予約が必要）となっております」とある。

◆ 2～3行目「時下～ありがとうございます」は読み飛ばしていい部分。

2日目 （p.86 ～ p.87）

Ⅲ問2 ◆ F は「まとめて全部」とあるので、不要な冷蔵庫も引き取ることになり、条件に合わない。

3日目 （p.88 ～ p.89）

Ⅰ問1 ◆ a と f と g の3つ。

Ⅱ問1 ◆ d が正解。
　　　　　＊a は火曜日、c は 40 歳以上なのでダメ。

4日目 （p.90 ～ p.91）

Ⅰ ◆ 選択肢 1 は、用紙詰まりではなく、用紙の不一致になる。選択肢 2 は、正しく調整しても、用紙が違う場合は、用紙の不一致になる。

Ⅱ問1 ◆ B と D の2つ。

5日目 （p.92 ～ p.93）

Ⅱ ◆ どんな形に変化しているかに注意。

6日目 （p.94 ～ p.95）

Ⅰ ◆ この時点では、1 位から 4 位までの死亡を合わせてまだ 60％には達していない。

7日目　まとめの問題 （p.96 ～ p.99）

問題1

〈翻訳〉
＊メール文の 9 ～ 11 行目
私の仕事は、シンセサイザーなどの音を作成する仕事で、いかにもシンセらしい音からピアノやストリングスといった生楽器の音まで幅広く音を作成しています。

My job is to create sounds for devices such as synthesizers, and I create a wide range of sounds from typical synthesizer sounds to real instruments such as pianos and strings.

我的工作是电子合成器等声音的制作，从非常像电子合成器发出的声音到钢琴、弦乐器等原声乐器的声音，制作着各种各样的声音。

저는 신시사이저 등의 소리를 만드는 일을 하고 있으며, 신시사이저 느낌이 강한 소리부터 피아노나 스트링스와 같은 실제 악기 소리까지 폭넓은 소리를 만들고 있습니다.

１ ◆ 山下さんは、FAB ジャパンのショールームに何度も行っているが、ユーカリモデルのピアノの音は聞いたことがない。

２ ◆ 山下さんのメールを読むと、ユーカリモデルのピアノの音を聞き、その音のデータを取ってシンセサイザーの音を作成したいという希望があるだろうとわかるが、それらは件名にはふさわしくない。

問題2

〈翻訳〉
＊B の特典 3 の 2 行目
抽選制ですので、ネットの情報をご覧の上、お申し込みください。

Please check the information online before applying, as it is a lottery system.

由于采用抽签制，请在浏览过网上信息后再进行申请。

추첨제로 진행되므로 인터넷에서 정보를 확인하신 후에 신청하시기 바랍니다.

３ ◆ 入会時に A は 1000 円の鑑賞券、B は無料の鑑賞券がもらえるという違いで、他のことは同じ金額になる。

第6週

1日目 （p.102 ～ p.105）

問題

◆ この文章は第 1 段落で主題を示し、第 2 段落で例をあげ、第 3 段落で結論を言う、という構成になっている。

2日目 （p.106 ～ p.107）

問題

問1 ◆ 「患者」＝「わたし」であり、「わたし」が申し出を受けたのである。

問2 ◆ 患者は癌がいろいろなところに移り、死期が迫っているのである。

問3 ◆ 不思議に思うとき、よく「首をひねる」という動作をする。

3日目 （p.108 ～ p.109）

問題

問1 ◆ 選択肢2は作品を割るときの気持ち。ゴミとして捨てる箱を解体している時に、それと同じ気持ちになる理由は次の文に書いてある。

問4 ◆ 2段落目でも「密かな作業」について説明している。

4日目 （p.110 ～ p.111）

問題

問1 ◆ 「味気ない気がしないでもない」＝ちょっと味気ない＝ちょっとおもしろくない

問2 ◆ 「少なくなってきている」ものは何か。それが「ますます遠くなっている」。

問3 ◆ 「要領」という言葉には選択肢1～4すべての意味があるが、ここでは選択肢3の意味で使われている。選択肢4は「要領がいい」。選択肢1は「要領を得る／得ない」という使い方をする。

5日目 （p.112 ～ p.113）

問題

問4 ◆ 選択肢1は「好ましい」の部分が不適当。

6日目 （p.114 ～ p.115）

問題

問1 ◆ 制作者側のこと。「前者」はモラルに反することを見習っていく人間を指している。

問2 ◆ 「送り手」から裏切者と言われるのだから、筆者は「送り手」の人間。

問3 ◆ 「受け手」から攻撃される。

問4 ◆ 視聴率さえとれれば何をやってもいいという考えに、筆者は批判的。

7日目　まとめの問題 （p.116 ～ p.119）

問題1

〈翻訳〉
＊本文の22 ～ 23行目
組織の中における「やり過ごし」には、仕事の過大負荷や上司の低信頼性に対処して、組織的な破綻を回避するという注目すべき機能もあるのです。

"Pretending not to notice things" in an organization also has the notable function of avoiding organizational failure by dealing with work overload and low trustworthiness of supervisors.

组织中的"忽略"还有一个值得注意的功能，即通过处理工作负担过重和上司信任度低的问题，避免组织性的崩溃。

조직 내의 '대충 넘기는 행위'에는 업무의 과도한 부담과 상사에 대한 낮은 신뢰도에 대처하여 조직적인 파탄을 회피할 수 있다는 주목할 만한 기능도 있습니다.

1 ◆ 「いわく」＝～が言った

＊ ～は前に書いてある。筆者はその人に叱られた。

2 ◆ 怠けるのではなく、全部こなすことが不可能なので、大事なことだけやる。

3 ◆ 前に書いてある。やり過ごしができない部下は能力がないとされ、評価が低い。

4 ◆ 選択肢2を上司が認める度量の広さを持っていない場合。

5 ◆ この文章の結論は「つまり」で始まる最終段落に書いてある。

〈翻訳〉
＊本文の 29 〜 30 行目
島国としての閉鎖的な体質ですんだこれまでの歴史とは違って、これからは世界各国と上手に付き合わなければならないのは、自明の理である。

It is obvious that we have to get along well with countries around the world unlike in the past that our closed culture as an island country was enough.

与过去不同，当一个岛国的封闭文化已经足够的时候，我们必须与世界各国相处融洽，这是不言而喻的。

섬나라로서의 폐쇄적인 문화만으로도 충분했던 과거와 달리 세계 각국과 잘 지내야 하는 것은 자명한 이치다 .

6 ◆ 500 万円について言っている。

模擬試験（p.121 〜 133）

問題1（1） p.122

答え

1 3

1 の解説

法律上で認められたことについては、会社に責任がある。

問題1（2） p.122

〈翻訳〉
＊本文の 6 〜 7 行目
いつも誰かが敷いてくれたレールの上を歩くばかりの人生は、危うい面が多くなる。

A life that merely follows the rails that someone else has laid out has many dangerous aspects.

总是在别人铺设的轨道上行走的人生，会充满更多的危险。

항상 누가 깔아놓은 레일 위를 걷기만 하는 인생은 위험한 상황이 많이 발생한다 .

答え

2 3

2 の解説

筆者は、数学の問題においても人生においても自分の力で解決することが重要だと考えている。

問題1（3） p.123

〈翻訳〉
＊本文の 6 〜 8 行目
「これ」が何を指すかではなく、「これ」は「それ」として「あれ」と関連づけることで意思は疎通する。意思というものを疎通させるのではなく、疎通できれば意思なのだ。

The meaning is communicated not by what "this" refers to, but by relating "this" to "that" or "that over there". It is not a matter of communicating an intent, but if it can be communicated, it is the intent.

不是借由"这个"指的是什么，而是作为"那个"的"这个"

与"更远的那个"产生关系，意思才得以传达。并不是要去传达意思这一东西，实现传达才会成为意思。

'이것' 이 무엇인지를 가리키는 게 아니라 '이것' 은 '그것' 으로서 '저것' 과 관련지어야 의미가 통한다 . 의사라는 것은 소통하게 하는 것이 아니라 소통이 가능하다면 의사인 것이다 .

答え

3 2

3 の解説

どれも文章の内容には合っているが、筆者が言いたいことは文章の最後の部分。

問題1 （4） p.123

〈翻訳〉
*本文の1行目
民族の血であると言っても過言ではありません。

It is no exaggeration to say that a mother language is the blood of a people.

可以毫不夸张地说，母语是一个民族的血液。

모국어는 민족의 혈이라고 해도 과언이 아닙니다 .

答え

4 2

4 の解説

選択肢3：筆者は心配をして、そうなってはいけないと言っている。

問題2 （1） p.124

〈翻訳〉
*本文の2行目
運営がうまくいかず、組織が空中分解した失敗を何度も経験しています。

I have experienced many failures where operations did not go well and the organization fell apart in mid-air.

我有多次因运营不当而导致组织中途解散的失败经历。

잘 운영하지 못해 조직이 공중분해된 실패를 몇 번이나 경험했습니다 .

答え

5 2   6 1

6 の解説

筆者独特の組織論である。

問題2 （2） p.125

〈翻訳〉
*本文の6～8行目
将棋のセンスを母語のように身につけた上で、AIを相手に練習した結果、「AIを超える」と言われるほど強くなった藤井さん。それには、アインシュタインが言うような「熱烈な好奇心」が将棋に対してなければできないとも酒井さんは述べています。

After acquiring a sense for shogi as if it were his mother language, Mr. Fujii practiced against AI and became so strong that he is said to "exceed AI." Mr. Sakai said that this can only be done with "ardent curiosity" for shogi, as Einstein put it.

在把将棋感如同母语般掌握的基础上，藤井先生在与AI（人工智能）对练后实力突飞猛进，人们称其"超越了AI"。酒井先生说，只有对将棋拥有像爱因斯坦所说的那种"强烈的好奇心"，才能做到这一点。

장기의 센스를 모국어처럼 익힌 후 AI를 상대로 연습한 결과, 'AI를 초월했다'는 말을 들을 만큼 강해진 후지이 씨 . 여기에는 아인슈타인이 말한 '열렬한 호기심'을 장기에 발휘하지 않았다면 불가능했다고도 사카이 씨는 말합니다 .

答え

7 2   8 3

8 の解説

ただAIを相手に練習するのではなく、藤井さんは子供の時から考えることを積み重ね、将棋のセンスを身につけた上でAIを相手に練習した。

問題3 p.126 ～ 127

〈翻訳〉
*本文の25 ～ 27 行目
人類は、たかだか数十万年前から進化して生物界の頂点に立ったと思っているようだが、微生物は三十五億年ほど前から地球上に生息し、種をつないできた「地球上の生物の起源」と言ってもい

いものだ。

It is thought that humans have evolved over only a few hundred thousand years ago to reach the top of the biological world, but microorganisms have inhabited the earth for about 3.5 billion years and are the "origin of life on earth" that evolved into all species.

只不过从数十万年前进化后，人类似乎就觉得已经站在了生物界的最顶端，然而微生物在地球上距今已生存了近三十五亿年之久，可以说是让物种繁衍至今的"地球生物的起源"了。

인류는 기껏해야 수십만 년 전부터 진화를 통해 생물계의 정점에 군림했다고 생각하고 있는 듯하나, 미생물은 약 35억 년 전부터 지구상에 서식하며 종자를 이어온 '지구 생물의 기원'이라고 해도 무방하다.

答え

9 4   10 2   11 2   12 1

9 の解説

重要なことは、文章の中で何度も言っている。

11 の解説

筆者は自分の力だけでなく、「微生物の力を利用させてもらった」と言っている。

12 の解説

選択肢2、3、4はこの文章の中では言っていない。

問題4　p.128〜129

〈翻訳〉

＊Aの本文の3〜5行目

タイパを重視した行動の代表は動画などの「倍速視聴」だが、他にも栄養が手軽にとれるインスタント食品、本1冊を10分に要約するサービス、手軽に通える時短ジム等の利用もある。

A behavior that represents a focus on effective use of time is watching a video at 2x playback speed, but other examples include the use of instant foods that provide easy nutrition, a service that summarizes a book into 10 minutes, and short-use gyms that can be easily accessed.

注重时间性价比的典型行为是视频等的"倍速观看"，但也有其他诸如可以轻松补充营养的速食、把一本书概要至10分钟的服务、可以轻松前往的短时间健身房等的使用。

시성비(시간 대비 성능)를 중시한 대표적인 행동은 동영상 등의 '배속 시청'이지만, 이외에도 영양분을 간편하게 섭취할 수 있는 인스턴트식품, 책 1권을 10분으로 요약해 주는

서비스, 가볍게 다닐 수 있는 시간 단축 헬스장 등의 이용도 있다.

＊Bの本文の4〜7行目

膨大な時間を費やして何百本、何千本もの作品を観て、読んで、たくさんのハズレを掴まされて、そのなかで鑑賞力が磨かれ、博識になり、やがて生涯の傑作に出会い、かつその分野のエキスパートになる——というプロセスを、決して踏みたがらない。

They never want to go through the process of spending a great deal of time watching and reading hundreds or thousands of works, being exposed to many disappointments, and sharpening their appreciation, becoming knowledgeable, and eventually encountering their lifetime masterpiece and becoming an expert in the field through this process.

花费大量的时间观看、阅读成百上千部作品，接触了大量令人失望的作品，在此过程中鉴赏力得到磨练，变得学识渊博，最后终于遇见了一生中的杰作，并成为该领域的专家——这样的流程，他们是决不想走上的。

방대한 시간을 소비하여 수백 개, 수천 개에 이르는 작품을 보고 읽으며 그중에서 취향에 맞지 않는 작품과 만나는 과정을 통해, 감상 능력이 길러지고 박식해지며 머지않아 인생의 걸작과 만나는 동시에 해당 분야의 전문가가 된다는 프로세스를 어떻게든 밟고 싶어 하지 않는다.

答え

13 3   14 1   15 2

13 の解説

選択肢1：「倍速視聴」は「タイパがいいもの」の一つ。

選択肢2：「タイパ」は価値観ではない。

14 の解説

選択肢2：学習に向かないという意見と、効果があるという調査結果、両方がある。

15 の解説

選択肢1：時短の例はZ世代に限らない。

選択肢3、4：AもBも筆者の意見は述べていない。

11

〈翻訳〉

***本文の 21 〜 24 行目**

ことばの意味の派生にはある程度のパターンが存在するものの、特定のグループの遊び的な使い方が広がって定着し、結果として前の世代にはつながりが見えないほどの隔たりが生じることともある。そのようなことばは、前の世代にとっては、多義語というよりも同音異義語である。

Although some patterns exist in the derivation of word meanings, the playful use by a particular group can spread and take root, resulting in a gap so great that previous generations cannot see the connection. For previous generations, such words are homonyms rather than polysemes.

尽管语义的派生存在一定的规律，但也会有特定集团使用的俏皮用法经不断传播最终定型，结果产生了巨大的理解断层，甚至找不到与上一代的关联。这样的语言对于上一代来说，与其说是多义词倒不如说是同音异义词。

말에 담긴 의미의 파생에는 어느 정도 패턴이 존재하지만, 특정 그룹의 언어유희식 사용법이 널리 퍼져 정착한 결과로 앞선 세대와는 연결점이 보이지 않을 만큼 간격이 발생하는 경우도 있다 . 이 같은 말은 앞선 세대에게 있어서 다의어라기보다도 동음이의어이다 .

答え

16 **4**　17 **2**　18 **1**

16 の解説

これらのことばは、もとの意味を失っていないし、特定のグループ以外でも使われている。

17 の解説

選択肢１：「サクサク」には該当する。
選択肢３：「ワサワサ」には該当する。
選択肢４：「ワサワサ」の説明。

全体の解説

１段落目に結論として、「オノマトペは言語である」、「オノマトペは言語か」という問題を深く考えることで、「言語とは何か」という問題への理解も深まると述べている。その後の文章は、ことばの意味変化の例と、それがオノマトペにも見られるという例。

〈翻訳〉

***ハガキの「注意事項」の２行目**

複数冊購入の場合はその冊数分のハガキが必要です。

If more than one book is purchased, a postcard for each book is required.

如购买多册，则需相应数量的明信片。

여러 권을 구매하실 경우에는 구매하시는 권수만큼 엽서가 필요합니다 .

***〈ホームページより〉の１〜２行目**

すべての取扱店で利用できる「共通券」と中小企業・個人店でのみ利用できる「専用券」がセットになった商品券で、１冊１万円で購入できます。

These gift certificates consist of "common vouchers" that can be used at all stores and "exclusive vouchers" that can be used only at small and medium-sized businesses and individual stores, and are available for 10,000 yen per booklet.

由能在所有代理门店使用的"通用券"和只能在中小企业、个体店使用的"专用券"组成的商品券，购买１册需１万日元。

모든 취급점에서 이용할 수 있는 '공통권' 과 중소기업 및 개인 매장에서만 이용할 수 있는 '전용권' 이 세트로 구성된 상품권이며 1 권 1 만 엔으로 구매할 수 있습니다 .

答え

19 **3**　20 **4**

19 の解説

ハガキを受け取った本人でなくても、商品券と引き換えることができる。

20 の解説

「取扱店検索」の一覧に載っている店であれば、共通券はすべての店で使えるが、専用券は使える店と使えない店がある。